Schleichende Entfremdung?

Zeitgeschichte im Gespräch
Band 3

Herausgegeben vom
Institut für Zeitgeschichte

Redaktion:
Thomas Schlemmer und Hans Woller

Schleichende Entfremdung?

Deutschland und Italien nach dem Fall der Mauer

Herausgegeben von
Gian Enrico Rusconi, Thomas Schlemmer
und Hans Woller

2. Auflage

R. Oldenbourg Verlag München 2009

Bibliografische Information der Deutschen Nationalbibliothek
Die Deutsche Nationalbibliothek verzeichnet diese Publikation in der
Deutschen Nationalbibliografie; detaillierte bibliografische Daten
sind im Internet über <http://dnb.d-nb.de> abrufbar.

© 2009 Oldenbourg Wissenschaftsverlag GmbH, München
Rosenheimer Straße 145, D - 81671 München
Internet: oldenbourg.de

Das Werk einschließlich aller Abbildungen ist urheberrechtlich geschützt.
Jede Verwertung außerhalb der Grenzen des Urheberrechtsgesetzes ist
ohne Zustimmung des Verlages unzulässig und strafbar. Dies gilt
insbesondere für Vervielfältigungen, Übersetzungen, Mikroverfilmungen
und die Einspeicherung und Bearbeitung in elektronischen Systemen.

Gedruckt auf säurefreiem, alterungsbeständigem Papier
(chlorfrei gebleicht).

Umschlaggestaltung und Layoutkonzept:
Thomas Rein, München, und Daniel von Johnson, Hamburg
Satz: Dr. Rainer Ostermann, München
Druck und Bindung: Grafik+Druck GmbH, München

ISBN: 978-3-486-59019-7

Inhalt

Vorbemerkung.................... 7

I. Thesen
Gian Enrico Rusconi
Die politischen Wurzeln der schleichenden
Entfremdung..................... 9
Hans Woller
Vom Mythos der schleichenden Entfremdung 17

II. Die Bühne der großen Politik
Stefan Ulrich
Ähnliche Ideen, wenige Probleme – und kein
gemeinsames Projekt. Die politischen Beziehungen seit
der Wiedervereinigung 25
Angelo Bolaffi
Eine unendliche Geschichte als Fortsetzungsroman? 35

III. Wirtschaft und Gesellschaft
Rolf Petri
Realität und Wahrnehmung der deutsch-italienischen
Wirtschaftsbeziehungen 43
Henning Klüver
Stereotype und Perzeptionen. Impressionen eines
deutschen Journalisten in Italien 55

IV. Stand und Perspektiven des Kulturaustausches
Elena Agazzi
Die Germanistik in Italien nach 1989 65
Susanne Höhn
Beharrlichkeit im Wandel, Lücken im Gesamtbild.
Deutsche und Italiener in der gegenseitigen
Wahrnehmung 75
Ulrike Stepp
Im Zeichen von „Erasmus". Deutsch-italienischer
Universitätsaustausch und europäische Integration 83

V. Die Geschichtswissenschaft als Prüfstein
Lutz Klinkhammer
Zeitgeschichtliche Exzellenzforschung und
zeitgenössische Wahrnehmungsstörungen............ 93

Christof Dipper
Dialog und Transfer als wissenschaftliche Praxis.
Die Arbeitsgemeinschaft für die Neueste Geschichte
Italiens **103**

Thomas Schlemmer
Das dichte Netz. Universitäten und Forschungseinrichtungen am Beispiel Münchens **115**

Gustavo Corni
Die italienische Geschichtswissenschaft und die deutsche
Frage. **123**

Abkürzungen **133**

Autoren **135**

Vorbemerkung

Der vorliegende Band geht auf eine Tagung zurück, die das Italienisch-Deutsche Historische Institut (Fondazione Bruno Kessler) in Trient und das Institut für Zeitgeschichte München–Berlin am 11. und 12. Mai 2007 in Trient veranstaltet haben. Das Thema „Schleichende Entfremdung? Deutschland und Italien nach dem Fall der Mauer" lag gewissermaßen auf der Straße, und es war insbesondere Gian Enrico Rusconi, der Direktor des Trentiner Instituts, der in wissenschaftlichen Publikationen, Podiumsdiskussionen und privaten Gesprächen immer wieder vor einem Auseinanderdriften der beiden Länder gewarnt hatte. Dabei erntete er mitunter heftigen Widerspruch vor allem von deutscher Seite, so dass es nahe lag, der Sache in kleiner, aber kompetenter Runde systematisch auf den Grund zu gehen.

Diese Runde bestand aus Zeit- und Wirtschaftshistorikern, Politologen und Germanisten, die durch profunde Studien als Experten ausgewiesen sind; außerdem nahmen Journalisten, die täglich an der bilateralen Beziehungsfront unterwegs sind, und Kulturbeauftragte an der Tagung teil, die als menschliche Seismographen besonders sensibel auf Verschiebungen in der italienisch-deutschen Tektonik reagieren. Diese Mischung unterschiedlicher Disziplinen, Funktionen und Erfahrungshorizonte schien uns die beste Gewähr dafür zu bieten, dem Thema in seiner ganzen Komplexität gerecht zu werden. In allen Fällen handelt es sich um hervorragende Sachkenner, die Expertise mit eigenen Eindrücken verbinden, denn alle haben meist längere Zeit im Nachbarland gelebt – oder tun dies noch – und dabei eine besondere Empathie entwickelt, die in ihren Stellungnahmen so oder so zu spüren ist.

Kein Wunder also, dass es in Trient zu einem ebenso freundschaftlichen wie kontroversen Streitgespräch kam, das auch die Aufmerksamkeit der Medien erregte. Während in der Bundesrepublik die „Süddeutsche Zeitung" berichtete, griff südlich der Alpen vor allem die große Tageszeitung „La Repubblica" die Leitfragen der Diskussion auf. Angesichts dieses Interesses erschien es uns angemessen, die in Trient vorgetragenen Referate in überarbeiteter Form zu publizieren; eine italienische Ausgabe ist in Arbeit und wird ebenfalls 2008 in einer Reihe des Trentiner Instituts erscheinen.

Die Herausgeber danken dem Institut für Zeitgeschichte und dem Italienisch-Deutschen Historischen Institut, dass sie die Tagung, die kostspieligen Übersetzungen und die Herausgabe dieses Bandes finanziell ermöglicht haben. Ihr Dank gilt ferner Patrick Bernhard und Gerhard Kuck, die ihrem Ruf als glänzende Übersetzer wieder einmal gerecht geworden sind, und den Kolleginnen und Kollegen im Institut für Zeitgeschichte, vor allem Saskia Hofmann und Carolin Laqua, die bei der Drucklegung des Bandes geholfen und dabei viel Umsicht und Sorgfalt an den Tag gelegt haben. Der größte Dank gebührt aber den Autoren, die sich trotz vielfältiger anderer Verpflichtungen nicht nur dem Termindruck gebeugt, sondern auch alle Ergänzungswünsche und Nachfragen der Herausgeber (fast) ohne Murren ertragen haben.

München, im Februar 2008
Gian Enrico Rusconi, Thomas Schlemmer, Hans Woller

Gian Enrico Rusconi
Die politischen Wurzeln der schleichenden Entfremdung

1. Zur Ausgangslage

Kann man ein Land sympathisch, wirtschaftlich interessant, kulturell anziehend, aber zugleich politisch wenig relevant finden? Und kann man es dementsprechend auch mit einem Schuss Opportunismus behandeln, weil man meint, es sei nicht ganz vertrauenswürdig? Ja, das geht. So denkt ein großer Teil der politischen Klasse der Bundesrepublik Deutschland über Italien – und handelt auch danach. Natürlich findet sich davon nichts in regierungs- und parteiamtlichen Erklärungen, in Pressekommentaren aber schon – und zwar nicht nur zwischen den Zeilen. Andererseits: Kann ein Land eine andere Nation bewundern? Können seine Repräsentanten ohne Unterlass erklären, dass sie die Ansichten der bewunderten Nation teilen und zu engster Zusammenarbeit fest entschlossen sind, ohne dass diese hehren Absichtserklärungen politische Folgen haben? Ja, auch das geht. So verhält sich die italienische Regierung und – generell – die italienische Politik gegenüber der Bundesrepublik von heute. In diesen Tagen wird etwa fast täglich das deutsche Wahlrecht als Modell für Italien hingestellt, ohne dass man so genau wüsste, worum es sich dabei eigentlich handelt.

Diese Schieflage ist unübersehbar, und sie hat viel mit einer grundlegenden politisch-institutionellen Asymmetrie zwischen den beiden Staaten zu tun. Da ist auf der einen Seite die Bundesrepublik, die sich bei der Bewältigung ihrer sozialen und wirtschaftlichen Probleme auf stabile politische Institutionen stützen kann, die es ihr auch erlauben, in Europa eine wichtige Rolle zu spielen[1]. Auf der anderen Seite steht Italien mit seinem chronischen Defizit an politisch-institutioneller Stabilität, das nicht nur die Lösung interner Probleme erschwert, sondern auch verhindert, dass sich Italien Gehör im europäischen Konzert verschaffen

---

[1] Vgl. hierzu Gian Enrico Rusconi, Deutschland – Italien, Italien – Deutschland. Geschichte einer schwierigen Beziehung von Bismarck bis zu Berlusconi, Paderborn u.a. 2006, S. 341–346; auch andere in diesem Beitrag angesprochene Aspekte der deutsch-italienischen Beziehungen werden in diesem Buch ausführlich diskutiert.

kann. Deutschland erlangte so immer größeres Gewicht, während Italien ein Land unter vielen in der Europäischen Union geworden ist. Obwohl in den Einrichtungen der „Großen" nach wie vor präsent, hat die italienische Regierung Mühe, die Gefahr zu bannen, bei den Entscheidungen über die wichtigen Fragen an den Rand gedrängt zu werden, und das trotz der nicht zu unterschätzenden – auch militärischen – Verpflichtungen, die das Land auf sich genommen hat und die es beispielsweise in den Libanon und nach Afghanistan geführt haben, von dem ebenso kurzen wie peinlichen Gastspiel im Irak ganz zu schweigen.

In diesem Koordinatensystem muss das verortet werden, was ich – bewusst überspitzt – die *schleichende Entfremdung* zwischen beiden Ländern nenne. Ich will damit andeuten, dass sich mit dem Fall der Mauer eine Zäsur ergeben hat, die das deutsch-italienische Verhältnis im Vergleich mit den Jahrzehnten zuvor grundlegend verändert hat. Handelt es sich dabei um eine subjektive Einschätzung oder um ein reales Problem? Wenn letzteres der Fall sein sollte, ist es dann mehr aus einer binationalen Perspektive oder eher aus größeren geopolitischen Veränderungen zu erklären? Gibt es schließlich, über die politische Ebene hinaus, Anzeichen für eine Entfremdung in der öffentlichen Meinung oder – noch genereller – im Fundus der aufeinander bezogenen Urteile und Vorurteile?

Die These von der *schleichenden Entfremdung* ist nicht unumstritten und wird, trotz mancher Zugeständnisse, von manchen Wissenschaftlern und offiziellen Kulturbeauftragten sogar lebhaft zurückgewiesen. Vor allem Diplomaten und Persönlichkeiten, die für den kulturellen und wirtschaftlichen Austausch verantwortlich sind, beteuern auf der Basis handfesten Zahlenmaterials, dass die Beziehungen zwischen Italien und Deutschland ausgezeichnet seien. In Wirklichkeit handelt es sich bei ihren gegen meine These gerichteten Reaktionen um ein Missverständnis: Sie halten für ungerechtfertigte Kritik, was eigentlich als Alarmruf gemeint ist – als Alarmruf angesichts des Missverhältnisses zwischen dem Engagement, das der Pflege des bilateralen Verhältnisses gewidmet wird, und den Ergebnissen, die daraus resultieren.

Anders liegt der Fall bei den Wissenschaftlern diverser Disziplinen, die sich von Berufs wegen mit Deutschland und Italien befassen – vor allem bei den Germanisten und Historikern. Auch sie sprechen von der Dichte und Qualität der Studien und von der Intensität der Kontakte zwischen den *scientific communities* der beiden Länder, auch wenn sie einräumen, dass sie sich in einer Nische bewegen und dass die öffentliche Resonanz auf ihre Leistungen eher gering ist. In der Tat gibt es ein überraschendes Missverhältnis zwischen dem hohen Reflexionsniveau, das in der Germanistik und in der Geschichtswissenschaft anzutreffen ist, und der Persistenz oberflächlicher Kenntnisse gerade in der gebildeten Öffentlichkeit, an welche sich die Wissenschaftler wenden. Was fehlt, ist eine politische Kultur, die diesen Namen wirklich verdient. Um ein weiteres Missverständnis zu vermeiden: Es handelt sich nicht darum, die jeweilige Kulturnation immer wieder von Neuem künstlich zu befruchten (auch wenn man sich hier von Frankreich durchaus eine Scheibe abschneiden könnte), sondern darum, ein authentisches Interesse unter den politischen Klassen der beiden Länder zu stiften.

Aber hier stößt man auf eine eigenartige Haltung der Protagonisten des wirtschaftlichen und kulturellen Transfers, die meine These von der wachsenden Indifferenz zwischen Deutschland und Italien zurückweisen. Während sie nämlich zugeben, dass im Bereich der Politik nicht alles das gemacht wird, was gemacht werden könnte und sollte, fügen sie sogleich hinzu, dass dieses Versäumnis im Falle Italiens im Grunde nicht so schwer wiege. Wer so denkt, ist ein Opfer des schlimmen Paradoxons, demzufolge Italien eine kulturell und wirtschaftlich attraktive, auf seine Weise auch effiziente Nation sei, wenn nur die Politik dabei nicht im Spiel ist. Aus dieser Denkweise ergibt sich dann der Einwand, dass das von politischen Sorgen beeinflusste kritische Urteil über die bilateralen Beziehungen zwar legitim sei, aber nicht für die Gesamtheit des Austausches zwischen beiden Ländern gelten könne. Dieser Einwand ist verfehlt; ihm muss entschieden widersprochen werden.

2. Das Gewicht der Politik und die negativen Folgen der institutionellen Asymmetrie

Das schwierigste Problem, das diejenigen zu klären haben, die sich mit den deutsch-italienischen Beziehungen befassen, bezieht sich darauf, welches Gewicht der Politik dabei genau zuzumessen ist. Wenn man die Politik im engeren Sinne isoliert, kommt man immer wieder auf die Asymmetrie zurück, die bezüglich der Stabilität des deutschen politischen Systems und der chronischen Instabilität des italienischen zu konstatieren ist – eine Tatsache, die seit dem politischen Neubeginn nach 1945 besteht, auch wenn sie heute neue Aspekte gewonnen hat. A posteriori müssen, um der Wahrheit die Ehre zu geben, auch deutsche Beobachter einräumen, dass die sogenannte Erste Republik in Italien politisch instabiler erschien, als sie es in Wirklichkeit war. Die häufigen Regierungswechsel in Rom verstellten nur allzu oft die dauerhafte Herrschaft einer von der *Democrazia Cristiana* dominierten politischen Klasse und die Konsistenz eines politischen Systems, dessen Beständigkeit und Flexibilität sich nicht an der Zahl der Regierungen messen lässt; dafür müssen andere Kriterien herangezogen werden.

In dieser Perspektive gewinnen auch die Kontinuität und Kohärenz der von den italienischen Regierungen in dauerndem Einvernehmen mit Bonn verfolgten Europapolitik ihre volle Bedeutung – und zwar seit den heute etwas verklärten Zeiten von Adenauer und De Gasperi bis zu Kohl und Genscher oder Andreotti und Colombo[2]. Dabei handelte es sich um ein glückliches Einvernehmen, das nicht nur aus gemeinsamen Idealen, sondern auch aus konkreten nationalen Interessen resultierte; rauere Töne und Phasen der gegenseitigen Distanz waren dennoch nicht ausgeschlossen. Man denke nur an das nie überwundene Misstrauen, das Helmut Schmidt gegenüber Rom empfand, oder an die verdeckten, aber deswegen nicht minder langlebigen Reserven Giulio Andreottis gegenüber dem Nachbarn jenseits der Alpen, die sich beispielsweise in seinem berühmt-berüchtigten Verdikt von 1984 über die Gefahr des „Pangermanismus"[3] und in seiner demonstrativen Zurückhaltung angesichts der sich beschleunigenden Wiedervereinigung 1989/90 äußerte. Aber – ich wiederhole es – diese Spannungen traten vor dem Hintergrund gefestigter gemeinsamer ideeller und materieller Interessen auf, weshalb Italien und Deutschland im positiven Sinne aufeinander angewiesen waren, wenn sie am europäischen Einigungsprozess teilnehmen und diesen in ihrem Sinne beeinflussen wollten.

Parallel dazu – und dies war vor allem dem außerordentlichen Engagement der Goethe-Institute zu verdanken – kam es zu einer bemerkenswerten Vertiefung der wissenschaftlichen und kulturellen Kontakte über den engen Kreis der Universitäten hinaus. Erinnert

---

[2] Vgl. hierzu die einschlägigen Beiträge in Teil 2 („Akteure und Weltbilder") und Teil 3 („Nach der Katastrophe auf dem Weg nach Europa") des von Gian Enrico Rusconi und Hans Woller herausgegebenen Sammelbands Parallele Geschichte? Italien und Deutschland 1945–2000, Berlin 2006.

[3] Außenminister Andreotti wurde in der Presse mit den Worten zitiert: „Wir alle sind damit einverstanden, daß es zwischen den beiden Deutschland gute Beziehungen geben muß. Das stellt einen Beitrag zum Frieden dar, den niemand unterschätzt. Es muß aber klar sein, daß man in dieser Richtung nicht übertreiben sollte; das heißt, man muß anerkennen, daß der Pangermanismus überwunden werden muß. Es gibt zwei deutsche Staaten, und zwei müssen es bleiben." Zit. nach Rusconi, Deutschland – Italien, S. 254.

sei hier nur an die intensive wissenschaftliche, publizistische und politische Debatte in den siebziger Jahren über das Scheitern von Weimar, wobei tatsächliche und angebliche Analogien zu Italien eine wichtige Rolle spielten, oder an die lebhaften Diskussionen über den Historikerstreit der achtziger Jahre, die – auch in ihren politischen Konnotationen – in enger Beziehung zum Revisionismus-Streit in Italien standen. Später hat sich Vergleichbares nicht mehr zugetragen.

Anfang der neunziger Jahre implodierte das italienische Parteiensystem im Zuge einer beispiellosen politisch-moralischen Krise. Italien verlor danach immer mehr an Interesse für das wiedervereinigte Deutschland, das zunehmend an Selbstsicherheit gewann und sich im neuen Umfeld Europas gut behauptete. Damit wurde aber das Fundament einer über Jahrzehnte hinweg konvergenten Außen- und Europapolitik Italiens und Deutschlands untergraben, die auf vier Axiomen beruht hatte:

a) Die nationalen Interessen der beiden Staaten deckten sich umstandslos mit dem Ziel der europäischen Integration und umgekehrt. Die Legitimation der beiden Demokratien basierte auf dieser manifesten Koinzidenz.

b) Das Ziel der europäischen Einigung sah man in der Schaffung einer föderalen staatlichen Struktur.

c) Zwischen europäischer und atlantischer Orientierung bestand völlige Kompatibilität sowie kulturelle und institutionelle Komplementarität, vor allem mit Blick auf die NATO.

d) Deutschland und Italien hatten in allen europäischen sowie in allen wichtigen internationalen Organisationen das gleiche Gewicht.

In den neunziger Jahren erwiesen sich diese Axiome als bloße Fiktionen. Die deutschen und italienischen Politiker versuchen seither nicht einmal mehr, einander zu verstehen. Die von ihren Krisen absorbierten politischen Kräfte Italiens verlieren den Kontakt zu ihren deutschen Ansprechpartnern. Auf diese Weise verfällt eine jahrzehntelange Tradition des Austausches und der Kooperation zwischen deutschen und italienischen Christdemokraten sowie zwischen der deutschen Sozialdemokratie und der politischen Linken Italiens. Den Rest besorgte Berlusconi. Es ist hier nicht der Ort für eine eingehende Analyse eines Phänomens, das man als Berlusconismus bezeichnen könnte, und der internationalen Reaktion darauf. Das von Silvio Berlusconi geschaffene und repräsentierte System verdankte sich nicht nur politischer Verführung durch einen Außenseiter, der seinen Reichtum und seine Medienmacht (er ist Besitzer der wichtigsten privaten Fernsehsender) benutzte, um mit Hilfe einer Mitte-Rechts-Koalition die Macht an sich zu reißen. Berlusconismus steht für die Wiederentdeckung des demokratischen Populismus und die Neuschöpfung einer Mediendemokratie, die darauf zielt, die traditionelle Parteiendemokratie zu ersetzen. Dieses Phänomen war und ist Ausdruck einer politischen Kultur, die ideologisch von einem überlebten Antikommunismus und einer gezielten Konfrontation mit der Linken zehrt. Schließlich ist es kein zweitrangiges Detail, dass Berlusconi politische Programme nur danach beurteilt, ob sie seiner unangefochtenen Führungsrolle dienen oder nicht.

Es versteht sich von selbst, dass eine solche Erscheinung für Unbehagen und Irritation in der politischen Klasse der Bundesrepublik gesorgt hat. Der Berlusconismus ist so tatsächlich Ursache und Katalysator der Entfremdung zwischen Deutschland und Italien gewesen, wobei ich aber einen anderen Aspekt noch besonders betonen möchte: Stimuliert von dem negativen Bild, das man sich in Deutschland von Berlusconi gemacht hat, haben auch alte Urteile und Vorurteile über die Italiener als solche oder über die Mehrheit von ihnen wieder neue Nahrung erhalten, die sich wegen ihrer Unterstützung für den *cavaliere* als dilettantisch, oberflächlich, tendenziell kriminell und fernsehsüchtig erwiesen hätten. Für das Image der Italiener ist so ein doppelter Schaden entstanden.

3. Die politischen Beziehungen zwischen Anspruch und Wirklichkeit

Nach der Wahlniederlage Berlusconis im Frühjahr 2006 durfte man sich eine Wende und einen kräftigen Revitalisierungsschub für die deutsch-italienischen Beziehungen erwarten. Ministerpräsident Romano Prodi hat solche Initiativen mehrmals angekündigt, geschehen ist nicht viel, was vielleicht auch kein Wunder ist. Die politischen Rahmenbedingungen in Europa, in die solche Initiativen eingebettet werden müssten, haben sich nämlich – gemessen an den Axiomen, die für die deutsch-italienische Konvergenz vergangener Tage bestimmend waren – grundlegend geändert.

Das erste Axiom, die Koinzidenz von nationalen und europäischen Interessen, wird weiter für feierliche Grundsatzerklärungen bemüht; in der politischen Praxis aber unterliegt es strengen, vor allem wirtschaftlichen Nützlichkeitserwägungen. Europäische Interessen werden nur dann prioritär verfolgt, wenn sie nicht mit nationalen Interessen konfligieren. Die Differenzen zwischen Rom und Berlin resultieren aus der Tatsache, dass die nationalen Interessen nicht mehr im gleichen Maße wie früher mit Europa kompatibel sind. Das zweite Axiom – das Ziel eines föderalistischen Europa – ist angesichts der Geschichte der EU und ihrer politischen Institutionen obsolet geworden, wie sich in der stürmischen Debatte um eine europäische Verfassung und an der allgemeinen Lähmung gezeigt hat, die auf das Scheitern der diesbezüglichen Volksbefragungen in Frankreich und Holland gefolgt ist. Natürlich versichern Angela Merkel und Romano Prodi, dass sie alles tun werden, um die Situation zu entspannen und Europa voranzubringen – in der Zukunft.

Das dritte Axiom – die Komplementarität von Europaorientierung und Atlantismus – wird dauernd in Frage gestellt, und zwar nicht nur wegen der Kritik an der amerikanischen Politik und des in Teilen der öffentlichen Meinung grassierenden Antiamerikanismus, sondern auch wegen der fruchtlosen Diskussion über die neue Rolle der NATO in Europa. Hinzu kommt die Unfähigkeit der Europäer, gemeinsame Streitkräfte aufzubauen, die in der Lage wären, Friedensmissionen durchzuführen – mit der Konsequenz, dass sich italienische und deutsche Soldaten in Afghanistan ohne nennenswerte politische Abstimmung im Einsatz befinden. Das vierte Axiom – die Gleichrangigkeit von Italien und Deutschland – wird permanent durch die Tatsache widerlegt, dass Italien bei allen wichtigen internationalen Kontakten, Konsultationen und Kooperationen fehlt, während die Bundesrepublik daran in voller Souveränität an der Seite der anderen großen europäischen Staaten wie Frankreich, Großbritannien und Russland teilnimmt – ungeachtet der diplomatischen Gepflogenheiten in der Europäischen Union[4]. Im Augenblick ruht der deutsche Anspruch auf einen ständigen Sitz im Sicherheitsrat der Vereinten Nationen; Italien hat die deutschen Pläne nicht unterstützt, es hat sie sogar zu durchkreuzen versucht, was zu schweren diplomatischen Verstimmungen geführt hat, die freilich in der öffentlichen Meinung beider Länder keinen größeren Widerhall gefunden haben.

Die Aufgabe, die politischen Beziehungen zwischen Italien und Deutschland wieder zu verbessern, ist sehr anspruchsvoll. Um sie lösen zu können, gilt es nicht zuletzt, die kulturpolitischen Aktivitä-

---

[4] Dies zeichnete sich bereits im Zuge der Beratungen um die Zukunft der beiden deutschen Staaten und ihre mögliche Vereinigung 1989/90 ab. Kritik, durch den sogenannten Zwei-plus-Vier-Prozess von den Verhandlungen ausgeschlossen zu werden, wie sie neben dem niederländischen Außenminister Hans van den Broek auch sein italienischer Kollege Gianni De Michelis geäußert hatte, konterte Bundesaußenminister Genscher mit dem fast schon legendären und als verletzend empfundenen Satz: „You are not part of the game!" Hans-Dietrich Genscher, Erinnerungen, Berlin 1995, S. 729.

ten zu verstärken, wobei auch das Engagement von Wissenschaftlern beider Länder – wie es sich auch in diesem Band niederschlägt – stärker zur Geltung gebracht werden könnte. Oder wollen wir uns wirklich damit abfinden, dass wir uns bis in alle Ewigkeit die traurige Geschichte erzählen, dass Italien ebenso interessant wie sympathisch ist – und zwar ohne Politik, ja vielleicht nur dann.

Aus dem Italienischen übersetzt von Thomas Schlemmer und Hans Woller.

Hans Woller
Vom Mythos der schleichenden Entfremdung

1. Normalität mit Empathie

Gian Enrico Rusconi, der Spiritus rector dieses Bands, schlägt Alarm. Er sorgt sich um die italienisch-deutschen Beziehungen. Von schleichender Entfremdung ist die Rede – und Deutschland hat an allem Schuld. Drastischer kann man es nicht sagen. Jeder weiß aber auch: Alarm wird leicht zu Alarmismus und damit kontraproduktiv, wenn er die Realität nur streift oder ganz verfehlt. Trifft dies für Rusconis Thesen zu? Was ist eigentlich Entfremdung? Woher nimmt sie ihren Ausgang? Wie vollzieht sie sich? Warum so und nicht anders? Was meinen wir genau, wenn wir von bilateralen Beziehungen sprechen?

Rusconi hat vor allem die Politik im Auge, wenn er nicht nur Entfremdung, sondern sogar eine eklatante Verschlechterung konstatiert. Beziehungen erschöpfen sich aber nicht in der Politik. In der Wirtschaft etwa, so Rolf Petri, könnte die Kooperation noch sehr viel enger sein. Dennoch gilt, dass der wirtschaftliche Austausch zwischen Italien und Deutschland nach dem Zweiten Weltkrieg immer reger geworden und dass nach dem Fall der Mauer mitnichten eine Tendenzwende eingetreten ist. Deutschland war und ist für Italien der wichtigste Handelspartner der Welt. Der Wert der Exporte Italiens nach Deutschland hat sich zwischen 1985 und 2004 mehr als verdreifacht; das gleiche gilt für den Import, wobei die Entwicklung freilich nicht nur linear nach oben ging. Der deutsche Anteil am italienischen Importgeschäft lag 1985 bei 16,6 Prozent, stieg 1990 auf 21,2 Prozent und fiel dann bis 2004 auf 18 Prozent. Beim Export gab es eine ähnliche Bewegung. Die italienischen Ausfuhren erhöhten sich von 16,2 Prozent (1985) auf 19 Prozent (1990), um dann bis 2004 auf 13,6 Prozent zurückzugehen; die Attraktivität der asiatischen Märkte, die Exportschwäche der italienischen Wirtschaft und die Stagnation in der Bundesrepublik dürften den Ausschlag dafür gegeben haben[1].

---

[1] Vgl. Annuario Statistico Italiano 1986, hrsg. vom Istituto nazionale di statistica, Rom 1986, S. 474f.; Annuario Statistico Italiano 1991, hrsg. vom Istituto nazionale di statistica, Rom 1991, S. 435f.; Annuario Statistico Italiano 1996,

Mit Blick auf die Kultur kommen Elena Agazzi, Susanne Höhn und Ulrike Stepp zu noch positiveren Ergebnissen, auch wenn nicht verschwiegen werden kann, dass sie aus einer besonderen Perspektive urteilen und dass uns vielfach das methodische Rüstzeug fehlt, um zu eindeutigen Ergebnissen über die höchst differenzierte Landschaft des Kulturtransfers zu gelangen. Besonders günstig fällt der Befund aus, wenn die Geschichtswissenschaft und hier vor allem die Zeitgeschichte unter die Lupe genommen wird. Der Austausch war noch nie so intensiv, die Zahl der Experten in beiden Ländern noch nie so groß. Gustavo Corni, Christof Dipper, Lutz Klinkhammer und Thomas Schlemmer gehören zu den wichtigsten Protagonisten dieser erfreulichen Entwicklung, sie schreiben aber nicht nur über ihre persönlichen Erfahrungen, sondern versuchen, uns unter jeweils anderen Gesichtspunkten ein möglichst umfassendes Bild zu bieten.

Rusconi hat recht, wenn er betont, dass sich die um eine Intensivierung der Beziehungen bemühten Wissenschaftler und Kulturbeauftragten in einer Nische bewegen. Aber: Wann wäre das anders gewesen? Etwa in den zur Blütezeit stilisierten Jahren vor 1989/90, als es beispielsweise im Bereich der Zeitgeschichte in beiden Ländern nur eine Handvoll Historiker gab, die geschäftsfähig waren? Heute sind es Dutzende, die in engstem Austausch stehen und übrigens auch durchaus in der Lage sind, ihr Biotop zu verlassen. Sie sitzen in Regierungskommissionen, mischen in politischen Stiftungen mit, arbeiten an Schulbuchprojekten und greifen in öffentliche Debatten ein, wenn es nötig ist. Sie handeln, mit anderen Worten, als „homines politici" – und zwar in gesellschaftlichen Bereichen, die längst nicht so politikfern sind, wie Rusconi meint, der Politik zur Diplomatie degradiert.

Aber selbst wenn man bilaterale Beziehungen so eng fasst, wie Rusconi dies unter partieller Schützenhilfe von Angelo Bolaffi und Stefan Ulrich tut, wird man seinen Thesen schwerlich zustimmen können. Rusconi hat sich zu unserem Thema schon mehrmals geäußert. Die Quintessenz seiner Analyse des nicht immer konfliktfreien Verhältnisses zwischen Rom und Berlin seit den neunziger Jahren lautet: „Allein, die deutsch-italienischen Beziehungen sollten nicht mehr zu der alten Herzlichkeit zurückfinden – und dies

---

hrsg. vom Istituto nazionale di statistica, Rom 1996, S. 408f.; Annuario Statistico Italiano 1998, hrsg. vom Istituto nazionale di statistica, Rom 1998, S. 430; Annuario statistico italiano 2001, hrsg. vom Istituto nazionale di statistica, Rom 2001, S. 428; Annuario statistico Italiano 2005, hrsg. vom Istituto nazionale di statistica, Rom 2005, S. 422.

vor allem deshalb nicht, weil Italien für die deutsche Politik kaum noch von Interesse ist."[2]

Für den vorliegenden Band hat Rusconi seine Position differenziert, wobei er auch den Versuch unternimmt, den Gründen für die ursprüngliche Herzlichkeit nachzuspüren sowie die Ursachen für die von ihm seit längerem beobachtete Entfremdung der beiden Länder zu benennen. Er findet sie vor allem in der „über Jahrzehnte hinweg konvergenten Außen- und Europapolitik Italiens und Deutschlands", die in seinen Augen nach dem Fall der Mauer wegen neuer deutscher Stärke und alter italienischer Schwäche auseinander zu driften begann und mittlerweile nur noch wenige Berührungspunkte aufzuweisen scheint.

2. Argumente gegen einen Mythos

Italien und Westdeutschland hatten nach 1945 große Mühe, den Pariastatus abzulegen, der ihnen aufgrund ihrer Vergangenheit anhaftete. Beide setzten deshalb auf Europa, das ihnen nicht nur die Rückkehr in die Staatengemeinschaft, sondern auch wirtschaftliche Erholung und – im Verbund mit den Vereinigten Staaten – militärische Sicherheit in Aussicht zu stellen schien. Nationale Interessen diktierten diesen Kurs, gingen darin aber nicht auf, was in beiden Ländern mit einer Extraportion Europarhetorik bemäntelt wurde. Gerade Italien achtete in den fünfziger, sechziger und siebziger Jahren primär auf sich, während Europa immer unter ferner liefen rangierte. Man sprach zwar viel und leidenschaftlich über Europa, ließ den starken Worten aber nur selten entsprechende Taten folgen. Das Land war in Brüssel personell kaum präsent und unterwarf sich den dort gesetzten Normen und Standards nur ungern – in vielen Fällen sogar überhaupt nicht! Es hagelte deshalb so viele Rügen, dass Italien bis in die achtziger Jahre einen Spitzenplatz unter den Europasündern belegte. Rom brachte es schließlich sogar fertig, europäische Gelder in beträchtlicher Höhe nicht abzurufen, die Italien eigentlich zustanden[3]. So groß die Konvergenz von italienischer und deutscher Politik in puncto Souveränität, Prosperität und Sicherheit auch gewesen sein mag, in der Europapolitik war hiervon schon deshalb wenig zu spüren, weil Italien

---

[2] Vgl. Gian Enrico Rusconi, Deutschland – Italien, Italien – Deutschland. Geschichte einer schwierigen Beziehung von Bismarck bis zu Berlusconi, Paderborn u.a. 2006, S. 329.
[3] Vgl. Paul Ginsborg, L'Italia del tempo presente. Famiglia, società civile, Stato 1980–1996, Turin 1998, S. 458.

den Prozess der europäischen Einigung lange nur aus der Ferne betrachtete.

Im Grunde entdeckte Italien Europa erst in den achtziger Jahren, wobei es freilich auch diesmal weniger ideelle Motive als vielmehr Nützlichkeitserwägungen waren, die zu dieser Entdeckung führten. Ohne Europa – so die Einsicht maßgeblicher Wirtschafts- und Finanzkreise, die davon auch die politische Klasse zu überzeugen vermochten – würde Italien seine gravierenden Probleme (hohe Inflation und erdrückende Staatsschulden) nie lösen können. Die deutsche Wiedervereinigung änderte daran nichts. Italien blieb auch danach ein Aktivposten der europäischen Integration, die nach dem Fall der Mauer eine enorme Beschleunigung erfuhr; die Koinzidenz von nationalen und europäischen Interessen dürfte nie größer gewesen sein als in den neunziger Jahren des 20. Jahrhunderts.

Im Falle der Bundesrepublik war das nicht viel anders, weshalb es im Katarakt ständig neuer europapolitischer Grundsatzentscheidungen auch zu keinen nennenswerten Störungen in den italienischen-deutschen Beziehungen gekommen ist. Berlin und Rom zogen, im Gegenteil, vielfach an einem Strang. Erwähnt sei beispielsweise das vertrauensvolle Zusammenspiel von Helmut Kohl und Giulio Andreotti, als Italien im zweiten Halbjahr 1990 die europäische Ratspräsidentschaft innehatte. Beide engagierten sich damals für eine rasche Fortentwicklung der Europäischen Gemeinschaft zur Europäischen Union, und Andreotti war es schließlich sogar, der seine Kollegen im Rat davon überzeugte, die zweite Phase der Wirtschafts- und Währungsunion schon 1994 beginnen zu lassen[4]. Einer italienisch-deutschen Initiative verdankte sich auch die „Erklärung zur Zukunft der Union", die 2000 auf dem EU-Gipfel von Nizza verabschiedet wurde und einer „‚eingehenderen und breiter angelegten' Verfassungsdebatte" den Weg bereiten sollte[5]. Giuliano Amato und Gerhard Schröder gehören also genauso in die Ahnengalerie italienisch-deutscher Kooperation wie Andreotti und Kohl, denen Rusconi diese Ehre als letzte erweist.

Damit soll nicht gesagt werden, dass es jetzt zu der Herzlichkeit gekommen wäre, die Rusconi für die Zeit vor 1989 diagnostiziert. Herzlichkeit ist ohnehin ein Begriff, dem im Zusammenhang mit Politik mit größtem Misstrauen zu begegnen ist. Die italienisch-

---

[4] Vgl. ebenda, S. 467.
[5] Franz Knipping, Rom, 25. März 1957. Die Einigung Europas, München 2004, S. 279.

deutschen Beziehungen waren vor dem Fall der Mauer nie spannungsfrei, aber im Großen und Ganzen gut – und vielleicht sogar besser, als man dies angesichts der Vorgeschichte von Nationalsozialismus, Faschismus und deutscher Besatzungsherrschaft erwarten konnte. Einen Tiefpunkt erreichten sie jedoch 1977, als dem zu lebenslänglicher Haft verurteilten ehemaligen Polizeichef von Rom, SS-Obersturmbannführer Herbert Kappler, unter nie ganz geklärten Umständen die Flucht aus einem römischen Militärhospital nach Deutschland gelang. Ministerpräsident Andreotti ließ daraufhin ein Treffen mit Bundeskanzler Helmut Schmidt platzen, und in der italienischen Öffentlichkeit begann der Verdacht zu keimen, die Deutschen solidarisierten sich mit Kappler und die deutsche Regierung stelle sich taub, als die Italiener die Auslieferung des SS-Mannes verlangten. Mit besonderer Heftigkeit reagierte der Chefredakteur der Tageszeitung „La Repubblica", Eugenio Scalfari. Er sei „nicht sehr zufrieden [...] über die Tatsache, als Italiener geboren zu sein", aber er danke seinem Schicksal jeden Tag dafür, „nicht als Deutscher auf die Welt gekommen zu sein"[6]. Was sind dagegen die Nichtberücksichtigung italienischer Interessen im Prozess der deutschen Wiedervereinigung, die Meinungsunterschiede in der Jugoslawien-Krise und der deutsch-italienische Streit um die Frage eines ständigen Sitzes im UN-Sicherheitsrat, die nach Meinung Rusconis die deutsch-italienischen Beziehungen neuerdings so sehr belasten? Handelt es sich hierbei wirklich um Probleme, die kategorial anders gelagert und von größerem Gewicht sind als die Probleme, die in früheren Zeiten zu bewältigen waren und nicht zuletzt deshalb als so brennend empfunden wurden, weil sie im Erfahrungshaushalt einer ganzen Gesellschaft wurzelten? Tatsache ist zunächst nur, dass sie im Wesentlichen ausgeräumt sind und dass sie weder in Italien noch in Deutschland größere öffentliche Aufmerksamkeit gefunden haben, was aber auch in Rechnung zu stellen wäre, wenn von schleichender Entfremdung die Rede ist; in beiden Ländern wurde hiervon jedenfalls so gut wie nichts bemerkt.

Hier wie dort, so scheint es, hat man sich einen feinen Sinn für Proportionen und dafür bewahrt, was politisch relevant oder nur zweitrangig ist. Hinzu kommt, dass beide Länder seit 1989/90 vor allem mit sich selbst beschäftigt sind. Berlin hatte die Wiedervereinigung zu bewältigen, massive wirtschaftliche Krisen zu bestehen,

---

[6] La Repubblica vom 19.8.1977; zit. nach Eva Sabine Kuntz, Konstanz und Wandel von Stereotypen. Deutschlandbilder in der italienischen Presse nach dem Zweiten Weltkrieg, Frankfurt a.M. u.a. 1997, S. 302.

den reparaturbedürftigen Sozialstaat auf den Prüfstand zu stellen, sich an neue, nicht gerade einfache Nachbarn im Osten zu gewöhnen und seine Rolle im internationalen Konzert neu zu definieren – dabei im Übrigen oft und oft gedrängt von seinen Verbündeten, nun mehr Profil zu zeigen und mehr Verantwortung zu übernehmen. Überheblichkeit und Großmannssucht sind daraus nicht erwachsen. Es herrscht (noch immer) viel Bonn in Berlin, wie sich nicht zuletzt in der heftig umstrittenen Frage der Militäreinsätze im Ausland zeigte, um die sich die neuen Deutschen nun wahrlich nicht gerissen haben. Der in solchen Dingen noch ganz unerfahrenen Bundesregierung sind hier wie in anderen Bereichen viele Ungeschicklichkeiten und Fehler unterlaufen, gerade bei der recht dilettantischen Abstimmung und Koordination mit den europäischen Partnern. Die deutsch-italienischen Beziehungen haben darunter aber nicht entscheidend und höchstens temporär gelitten. Sie sind lediglich etwas in den Hintergrund getreten und konnten das auch, weil sie im Wesentlichen gefestigt und mit keinen größeren Problemen mehr belastet sind.

Auch Italien konnte es sich nach 1989/90 nicht leisten, allzu große Energien in die Pflege bilateraler Beziehungen zu investieren. Das Land erlebte den Zerfall und die Erneuerung seines Parteiensystems, es hatte nach der Aufdeckung zahlloser Korruptionsfälle mit einer schweren moralischen Krise fertig zu werden und musste sich der Rosskur eines drastischen Schuldenabbaus unterwerfen, um den Maastricht-Kriterien zu genügen. Ob Silvio Berlusconi den Rest besorgte, wie Rusconi meint, mag dahin gestellt bleiben. Allzu schroff oder gar feindselig waren die Reaktionen in der Bundesrepublik nun auch wieder nicht, als der Medienmogul zusammen mit dem Krawallpolitiker Umberto Bossi und dem ehemaligen Faschisten Gianfranco Fini die politische Bühne betrat. Zugegeben: Man belächelte den wunderlichen Ministerpräsidenten und remobilisierte – wie schon zuvor im österreichischen Fall Haider – zumal in linken Kreisen den alten Antifaschismus, der endlich wieder eine Bewährungsprobe seiner überlebten Hohlheit vor sich hatte. Im Übrigen aber verließ man sich auch in der Bundesrepublik auf die Selbstheilungskräfte einer krisenerfahrenen Demokratie, die viel zu breit in einer wachen Zivilgesellschaft verankert ist, als dass sie von einem Berlusconi für immer verführt oder vom Fernsehen dauerhaft gelenkt werden könnte. Es ist deshalb auch mehr als zweifelhaft, ob Berlusconi den langjährigen Trend zur Entkräftung und schließlich zur Entwertung alter Italien-„Bilder" tatsächlich außer Kraft gesetzt und in dem Sinne umgekehrt hat, so dass abgetane Urteile und Vorurteile wiederbelebt wurden und zu neuer Blüte fanden. Belege dafür mag es geben; einige wenige Journalisten in Schlüsselpositionen haben offenbar auch nichts Besseres zu tun, als in die ewig gleiche Kerbe verbaler Stereotypenmonotonie zu hauen. Diese „Beweise" rivalisieren aber mit einer Unzahl von Gegenbeispielen, die dann am überzeugendsten sind, wenn Klischees und Gemeinplätze nur noch in ironisch-spielerischer Reminiszenz zu erkennen sind.

Gefestigte bilaterale Beziehungen überstehen – ohne Schaden zu nehmen – solche krisenhaften Phasen partieller Selbstbezogenheit, wie Italien und die Bundesrepublik sie in der jüngsten Vergangenheit erlebten. Sie bleiben dabei nicht statisch, sondern wandeln sich – was kein Wunder ist, weil auch die internationalen Rahmenbedingungen, in denen sich die beiden Staaten bewegen, dauernden Wandlungsprozessen unterworfen sind. Dabei ist nicht zu übersehen, dass das wiedervereinigte Deutschland größeres Gewicht erlangte, während Italien zumal in der Ära Berlusconi nach 2001 weit hinter seinen außen- und insbesondere europapolitischen Möglichkeiten blieb und erst jetzt langsam wieder Ambitionen zu entwickeln scheint. Deutsche Schuld oder Nicht-Schuld kann schon deshalb nicht die Frage sein. Hinzu kommt, dass nationale Politik in der EU wie in der globalisierten Welt an Bedeutung verliert und dass daraus naturgemäß ein Bedeutungsverlust bilateraler Beziehungen resultiert. Diese drohen sogar ein Störfaktor zu werden, wenn sie auf ihrem Eigengewicht beharren und damit die Gebote der Multilateralität ignorieren, die etwa in der EU zur Selbstverständlichkeit geworden sind. Um so wichtiger werden in zwischenstaatlichen Beziehungen andere Faktoren, namentlich Adaptions- und Austauschprozesse auf wirtschaftlicher, gesellschaftlicher und kultureller Ebene, die im Fall Italiens und Deutschlands in den letzten Jahrzehnten eine solche Intensität und Dichte erreicht haben, dass man mit gutem Recht von einer *special relationship* sprechen kann, die den Kern des neuen Europa in sich trägt. Die Politik hat nicht wenig getan, um diesen Vorrat an Gemeinsamkeiten und Ähnlichkeiten zu stiften[7]. Primär waren es aber doch Initiativen von unten, die hier werbend und webend am Werk waren. Neugier hat sich so in Sympathie und diese schließlich sogar – in mehr Fällen als man glaubt – in Empathie verwandelt.

---

[7] Vgl. Bernd Roeck u.a. (Hrsg.), Deutsche Kulturpolitik in Italien. Entwicklungen, Instrumente, Perspektiven. Ergebnisse des Projekts „ItaliaGermania", Tübingen 2002.

3. Gefährlicher Alarmismus

Rusconi will von diesen angeblich so politikfernen Basisprozessen nichts wissen. Er blickt nur auf die große Politik, wobei er die italienisch-deutschen Beziehungen vor 1989 verklärt und in ein Idealbild voll Harmonie und Herzlichkeit zwingt, das der historischen Prüfung nicht stand zu halten vermag und denkbar ungeeignet ist, spätere Entwicklungen daran zu messen; vor Idealen verblasst die Realität unweigerlich im Graugrau von Entfremdung und Verfall. Doch so einfach liegen die Dinge nicht: Die politischen Beziehungen zwischen Italien und der Bundesrepublik standen nie unter dem glücklichen Stern, den Rusconi zum Orientierungspunkt erhebt, allerdings viel häufiger im Zeichen entspannter Normalität, als dies für die Nachbarschaftsbeziehungen gelten kann, die Bonn/Berlin mit London unterhält, von Moskau, Prag und Warschau ganz zu schweigen. Nach dem Fall der Mauer hat sich daran nur insofern etwas geändert, als der wirtschaftliche, gesellschaftliche und kulturelle Verkehr noch dichter geworden ist. Die „Schicksalsschwester Deutschlands seit Jahrhunderten", von der Golo Mann mit Blick auf Italien einmal gesprochen hat[8], ist uns noch näher, ja so nahe gerückt, dass politische Störungen und publizistische Fehden nunmehr leicht zu verkraften und in den meisten Fällen auch rasch wieder vergessen sind. Wer trotzdem Alarm ruft, wird deshalb wenig Gehör finden, vielleicht sogar das Gegenteil dessen bewirken, was er erreichen wollte: nämlich die fast schon erkaltete Glut negativer Vorurteile und Klischees neu entfachen.

---

[8] Golo Mann an Hans-Jochen Vogel vom 12.10.1977, in: Golo Mann, Briefe 1932–1992, hrsg. von Tilmann Lahme und Kathrin Lüssi, Göttingen 2006, S. 244.

Stefan Ulrich
Ähnliche Ideen, wenige Probleme – und kein gemeinsames Projekt
Die politischen Beziehungen seit der Wiedervereinigung

1. Italien, Deutschland und Europa

Wie exzellent das deutsch-italienische Verhältnis manchmal sein kann, zeigte sich jüngst beim FC Bayern München. Gleich zu Beginn der Fußballsaison 2007/08 stürmten die beiden prominenten Neuzugänge, der Italiener Luca Toni und der Deutsche Miroslav Klose, Seite an Seite von Tor zu Tor. Sie verstanden sich auf Anhieb, kämpften einander den Weg frei und bedachten sich mit präzisen Vorlagen. In der Politik ist es natürlich schwieriger, zu zählbaren Erfolgen zu kommen – zumal auf internationalem Terrain. Dennoch bildeten Italien und Deutschland nach dem Zweiten Weltkrieg sehr lange ein dynamisches Duo. Die historischen Fortschritte bei der Einigung Europas sind nicht zuletzt der besonders engen Zusammenarbeit dieser beiden europäischen Gründernationen zu verdanken. Seit knapp zwei Jahrzehnten aber, seit der deutschen Wiedervereinigung, wirkt das Zusammenspiel von Berlin und Rom holprig. Es kommt zu Fehlpässen, ja sogar zu gegenseitigen Fouls, wie sie etwa im bilateralen Streit um eine Reform des Sicherheitsrats der Vereinten Nationen zu erleben waren und sind. Die schleichende Entfremdung ist – auf politischer Ebene – schmerzhaft spürbar, und das in einer Zeit, in der Europa immer wieder in nationale Egoismen zurückfällt und dringend gemeinsame Initiativen philo-europäischer Staaten wie Italien und Deutschland bräuchte.

Als Bundeskanzlerin Angela Merkel im Dezember 2006 Premierminister Romano Prodi in Mailand besuchte, fragte ich einen deutschen Diplomaten nach dem Stand der bilateralen Beziehungen. Seine Antwort lautete: „Wir haben ein Einverständnis in allen wichtigen Politikfeldern. Es gibt keinerlei Reibungsverluste." Nach dem Gegenbesuch Prodis im November 2007 in Meseberg bei Berlin meinte der italienische Regierungschef sogar: „Es gibt eine totale Konvergenz auf allen Feldern." Das war nur leicht übertrieben und nach den frostigen Berlusconi-Schröder-Jahren eine sehr positive Nachricht – zumindest auf den ersten Blick. Bei näherer

Nachfrage in Hintergrundgesprächen räumen deutsche und italienische Politiker wie Diplomaten ein, dass die geringen Spannungen mit einer geringen Spannkraft im bilateralen Verhältnis einhergehen. So erinnert die Beziehung zwischen Italia und Germania an ein altes Ehepaar. Die Zeiten leidenschaftlicher Anziehung – und Konflikte – scheinen vorbei zu sein. Die Ehe hat alle Stürme des Lebens überstanden, aber sie ist erkaltet. Man lebt nebeneinander her in Europa, in einem gepflegt nachbarschaftlichen Verhältnis. Nicht weniger – aber auch nicht mehr. In einer guten Ehe erfindet man in solchen Situationen neue Projekte, „nuovi progetti": Interessante Reisen vielleicht, ein Ferienhaus, oder die Enkel. Doch welches Projekt könnte die Beziehung zwischen Italien und Deutschland wieder beleben? Was gibt dieser Verbindung Sinn, Tiefe und Zukunft?

Nach dem Zweiten Weltkrieg waren diese Fragen über Jahrzehnte mit einem Wort zu beantworten: Europa. Nach dem Absturz in totalitäre Diktaturen und Angriffskriege lagen die alten europäischen Kulturnationen der Deutschen und Italiener moralisch, politisch, ökonomisch und militärisch am Boden. Beide suchten und fanden das Heil in Europa. Mit Hilfe der europäischen Einigung wollten Italien und Deutschland wieder international anerkannt werden. Europa sollte die Gespenster der Vergangenheit, der europäischen Bruderkriege, bannen. Und Europa sollte, im Bündnis mit Amerika, Sicherheit gewähren. Rom und Bonn verhielten sich daher als Muster-Europäer[1]. Wenn Frankreich in seinem Integrationswillen nachließ und Großbritannien blockierte, gelang es Italien und Deutschland immer wieder, das Projekt voranzubringen.

Das ging so bis zur Zeitenwende 1989/90. Die deutsche Einigung und der Zusammenbruch des Ostblocks stellten die Politik der westeuropäischen Staaten vor neue Herausforderungen. Die Bedrohung durch die Sowjetunion fiel weg, die Fliehkräfte wuchsen. Der Zweite Weltkrieg lag lange zurück, seine Schrecken waren für die jüngeren Generationen Geschichte. Italien und Deutschland waren als vollwertige Mitglieder der internationalen Gemeinschaft anerkannt. Warum also noch gemeinsam an Europa bauen?

Und dennoch: Von der Euphorie des Umbruchs profitierte zunächst auch Europa. Es kam der Euro, es kam die Osterweiterung der Union. Doch damit scheint der Integrationswille an ein Ende

---

[1] Vgl. Ernst Ulrich Große/Günter Trautmann, Italien verstehen, Darmstadt 1997, S. 317ff.; Klaus Rother/Franz Tichy, Italien. Geographie, Geschichte, Wirtschaft, Politik, Darmstadt 2000, S. 103ff.

gelangt zu sein, wie der quälende Verfassungsprozess beweist. Die EU-Staaten pochen wieder stärker auf ihre nationalen Interessen, und die schwindende Anziehungskraft des gemeinsamen Projektes Europa wirkt sich so auch auf die bilateralen Beziehungen aus. Sie verlieren die Ausrichtung auf ein gemeinsames Ziel. Das zeigt sich exemplarisch am deutsch-italienischen Verhältnis, das lange besonders vom Europa-Gedanken profitierte.

2. Die Vereinigung entzweit

Bereits die deutsche Wiedervereinigung brachte Irritationen auf beiden Seiten mit sich. Ministerpräsident Giulio Andreotti und sein Außenminister Gianni De Michelis waren, vorsichtig ausgedrückt, nicht begeistert von dem Projekt. Die Vereinigung weckte nicht nur in London oder Paris sondern auch in Rom Ängste vor einem übermächtigen und eigenwilligen Deutschland im Zentrum Europas. 45 Jahre besten Zusammenlebens reichten nicht aus, solche Ängste dauerhaft zu vertreiben. Andererseits war man in Deutschland irritiert über den Widerstand ausgerechnet des Freundes Italien. Das gipfelte in jenem berühmten Satz von Außenminister Hans-Dietrich Genscher gegenüber Gianni De Michelis: „You are not part of the game."[2] Genscher meinte damit, Rom habe in Sachen Wiedervereinigung nun wirklich nichts mitzureden.

Seither häuften sich, vor allem auf politischer Ebene, die Störungen zwischen Deutschland und Italien. Da war etwa die Diskussion um den Beitritt Italiens zum Euro. Die Italiener konnten, ja mussten zeitweise den Eindruck gewinnen, Deutschland wolle die Lira aus der neuen Währung heraushalten, weil es den Italienern auf Dauer keine solide Haushaltspolitik zutraute. Dass Italien dann doch von Anfang an dabei war, durfte als Akt der Selbstbehauptung gegenüber der manchmal überheblich wirkenden Wirtschaftsmacht Deutschland gelten. Auch die Jugoslawien-Krise Anfang der neunziger Jahre belastete das Verhältnis der beiden Staaten. Rom kritisierte die forsche Anerkennungspolitik Berlins gegenüber den jugoslawischen Teilrepubliken und argwöhnte, Deutschland wolle seinen Einfluss in der Balkanregion ungebührlich ausdehnen[3]. Zeitweise fühlten sich die Italiener auch von den Deutschen aus der Krisen-

---

[2] Vgl. Richard Kießler/Frank Elbe, Ein runder Tisch mit scharfen Kanten. Der diplomatische Weg zur deutschen Einheit, Baden-Baden 1993, S. 104.
[3] Vgl. Gian Enrico Rusconi, Deutschland – Italien, Italien – Deutschland. Geschichte einer schwierigen Beziehung von Bismarck bis zu Berlusconi, Paderborn u.a. 2006, S. 278 ff.

diplomatie ausgeschlossen und – im Vergleich zu Frankreich, Großbritannien oder Russland – wie ein B-Land behandelt. Dieses zum Teil berechtigte Gefühl der Zurücksetzung tauchte in den folgenden Jahren und bis in die heutige Zeit immer wieder auf.

Ein weiteres Beispiel für die konfliktreicher gewordene Beziehung bietet das Ringen um eine Reform des UN-Sicherheitsrats in den letzten Jahren der Regierung Schröder. Berlin drängte energisch auf einen ständigen Sitz für Deutschland, Italien widersetzte sich ebenso vehement. Symptomatisch erscheint mir, dass sich beide Hauptstädte kaum bemühten, den Streit auf bilateraler Ebene in freundschaftlichem Geiste zu entschärfen. Im Gegenteil: Berlin und Rom lieferten sich eine wahre Propagandaschlacht. Sie boten ihre ganzen diplomatischen Apparate auf, um weltweit bei den UN-Staaten ihre Position durchzusetzen. Ich konnte in jener Zeit in New York mit deutschen wie italienischen Diplomaten sprechen und war überrascht, wie generalstabsmäßig die beiden befreundeten Staaten gegeneinander vorgingen[4]. Vorläufig ist, Dank amerikanischer Unterstützung, Italien als Sieger aus diesem Ringen hervorgegangen. Die Sicherheitsrats-Reform liegt erst einmal auf Eis. Dennoch stehen sich Berlin und Rom in dieser Frage auch weiterhin unversöhnlich gegenüber. Der kräftezehrende diplomatische Zweikampf setzt sich fort und belastet die bilateralen Beziehungen insgesamt.

Auch im Irak-Konflikt fanden Deutsche und Italiener keine gemeinsame Linie. Schuld daran hatte auch die Strategie der amerikanischen Regierung unter Präsident George W. Bush, die Europäische Union in der Kriegsfrage zu spalten. Nur: Warum haben sich Berlin und Rom auf dieses durchsichtige Spiel der Bush-Administration eingelassen? Warum ließen sie sich so bereitwillig auseinander dividieren? Offensichtlich maßen Deutschland und Italien ihrem bilateralen Verhältnis keine allzu große Bedeutung mehr bei. Die Freundschaft war ihnen keiner besonderen Anstrengung wert – ein weiteres Indiz der politischen Entfremdung.

In jener Zeit saßen den Regierungen in Rom und Berlin zwei Männer vor, die sich weder politisch noch persönlich leiden konnten und das nicht einmal diplomatisch verbrämten: Silvio Berlusconi und Gerhard Schröder. In einer Zeit der Mediendemokratien, in der Politik immer stärker personalisiert wird, können solche Animositäten folgenreich sein. Dabei wiesen Berlusconi und Schröder durchaus Gemeinsamkeiten auf: Beide agierten als ausgeprägte

---

[4] Vgl. Stefan Ulrich, Aufstieg zum Mittelpunkt der Erde, in: Süddeutsche Zeitung vom 13.12.2004.

Machtpolitiker ohne übermäßigen Hang zu abstrakten Idealen. Beide pflegten eine bisweilen unkritische Nähe zu Russlands Machthaber Wladimir Putin, beide ließen ein luzides geopolitisches Konzept vermissen, und beide erwiesen sich nicht als Vollblut-Europäer, wie es etwa Konrad Adenauer und Alcide De Gasperi, Helmut Kohl und Giulio Andreotti waren. Dieses mangelnde Europa-Engagement Schröders und Berlusconis wirkte sich negativ auf das deutsch-italienische Verhältnis aus.

3. Ein flamboyanter Cavaliere

Um keine Missverständnisse aufkommen zu lassen: Schröder und Berlusconi sind keinesfalls gleich zu setzen. Berlusconi ist ein demokratiepolitischer Sonderfall. Auch das hat zur Entfremdung zwischen Deutschen und Italienern beigetragen. In Deutschland ist, eingedenk eigener geschichtlicher Erfahrungen mit Machtmissbrauch, der Respekt vor der Gewaltentrennung, vor dem Rechtsstaat und der Unabhängigkeit der Justiz besonders ausgeprägt. Zugleich ist hier das Misstrauen gegenüber jeder Machtkonzentration besonders stark. Daher konnten und können viele Deutsche nur schwer akzeptieren, dass eine Mehrheit der Italiener Berlusconi so viel Macht zugestand und sein problematisches Verhältnis zur Justiz hinnahm. Nicht nur den Linksliberalen, auch dem bürgerlich-konservativen Lager in Deutschland war der flamboyante Medienzar in seiner Rolle als Premier überwiegend suspekt.

Berlusconis groteske Auftritte auf dem internationalen Parkett vergrößerten noch die Distanz. Erinnert sei etwa an den Streit zwischen dem so genannten *Cavaliere* und dem deutschen Europaabgeordneten Martin Schulz (SPD) im Jahr 2003[5]. Berlusconi war neuer Ratspräsident der EU und wurde bei seinem Antrittsbesuch im Europaparlament in Straßburg von Schulz, dem stellvertretenden Fraktionschef der europäischen Sozialdemokraten, wegen seiner Justizpolitik kritisiert. Berlusconi legte dem Deutschen daraufhin nahe, in einem neuen Film über die Konzentrationslager des Dritten Reiches die Rolle eines „Kapo" zu übernehmen. Der Eklat im deutsch-italienischen Verhältnis wurde kurz darauf noch verschärft, als Staatssekretär Stefano Stefani deutsche Touristen als „einförmige, supernationalistische Blonde" bezeichnete, die „lärmend" über Italiens Strände herfielen. Kanzler Schröder sagte zur Strafe seinen traditionellen Italienurlaub ab.

---

[5] Vgl. Neue Zürcher Zeitung vom 8.7.2003: „Erneut Verstimmung in Berlin über Rom".

Eine Burleske? Eine Opera buffa? Nicht nur: Denn die Vorgänge demonstrierten eindrucksvoll, wie schnell überwunden geglaubte Animositäten wieder hervorbrechen und wie sehr alte Stereotype zwischen Italienern und Deutschen fortwirken. Umgekehrt zeigt sich das genauso, etwa bei der teilweise missgünstigen und überheblichen Berichterstattung mancher deutscher Medien über Italien während der Fußball-Weltmeisterschaft im Jahr 2006. Aller Freundschaft, allem lebhaften kulturellen, wirtschaftlichen und touristischen Austausch zum Trotz bleibt das Verhältnis beider Völker von nationalen Animositäten und Eitelkeiten belastet[6].

Auch die Debatte um die Einbeziehung italienischer Opfer in die Zwangsarbeiter-Entschädigung oder ihren Ausschluss sowie die Versuche, die Verbrechen während der deutschen Besatzung Italiens zwischen 1943 und 1945 aufzuklären, führten zu Irritationen. Italien hatte lange darauf verzichtet, die zahlreichen Massaker an der Zivilbevölkerung zu ahnden; anfangs, um eine Diskussion über die Bestrafung von Kriegsverbrechern aus den eigenen Reihen zu verhindern, dann auch aus Rücksicht auf die neue Partnerschaft mit der Bundesrepublik[7]. Eine konsequentere Strafverfolgung gegen ehemalige Angehörige der deutschen Streitkräfte begann in Italien erst Mitte der neunziger Jahre. Seither wurden mehrfach Soldaten der Wehrmacht und der Waffen-SS zu lebenslangen Haftstrafen verurteilt, etwa wegen der Massaker im toskanischen Sant'Anna di Stazzema und in Marzabotto bei Bologna[8]. Nur: Die Prozesse mussten in Abwesenheit der Angeklagten geführt werden, und die Verurteilten kamen nicht ins Gefängnis. Denn Deutschland musste unter Berufung auf das Grundgesetz die Auslieferung seiner Staatsangehörigen verweigern. Das führt in Italien zu Befremden, auch wenn die italienischen Medien sehr sachlich und einfühlsam über die Verfahren berichten und keinerlei antideutsche Ressentiments wecken.

---

[6] Vgl. Gian Enrico Rusconi im Interview („Vom Nationalcharakter") mit der Süddeutschen Zeitung vom 15.7.2003.

[7] Vgl. Lutz Klinkhammer, Die Ahndung von deutschen Kriegsverbrechen in Italien nach 1945, in: Gian Enrico Rusconi/Hans Woller (Hrsg.), Parallele Geschichte? Italien und Deutschland 1945–2000, Berlin 2006, S. 89–106.

[8] Vgl. Paul Kreiner, Mancher Mörder kennt das Wort Reue nicht, in: Stuttgarter Zeitung vom 21.3.2007.

4. Mittelmächte ohne Machtinsignien

Nach Berlusconis Abwahl im Jahr 2006 hat sich die politische Atmosphäre zwischen Rom und Berlin verbessert. Mit Romano Prodi und Angela Merkel regierten nun zwei Persönlichkeiten, die von Anfang an stärker auf Europa achteten und die zugleich das bilaterale Verhältnis rasch entkrampften[9]. Dadurch wurde auch der Blick auf die vielen Gemeinsamkeiten wieder frei. Beide Staaten sind ja in einer verblüffend ähnlichen Lage: Sie haben nach Jahrzehnten des wirtschaftlichen Aufschwungs mit der Globalisierung und insbesondere der Konkurrenz aus Asien zu kämpfen. Hier wie dort ist die Bevölkerung überaltert und verunsichert, die Systeme der sozialen Sicherung lassen sich kaum mehr finanzieren, und beide Gesellschaften wissen noch nicht, wie sie die Herausforderungen der Immigration, der Integration und der Bewahrung der eigenen Identität meistern sollen.

Zugleich sind Deutschland und Italien als europäische Mittelmächte ohne besondere Machtinsignien wie Atomwaffen oder einen ständigen Sitz im Sicherheitsrat in besonderer Weise auf Europa angewiesen, wenn sie die Weltpolitik beeinflussen wollen. Stärker als für Frankreich und Großbritannien gilt daher für Deutschland und Italien: Das Heil liegt nicht im Nationalstaat, sondern in Europa. Konsequenter Weise gehören die Regierungen Prodi und Merkel zu den europa-freundlichsten der ganzen EU. Beide wollen sich nicht mit dem Erreichten begnügen, sondern die Union politisch vertiefen. Auch in anderen außenpolitischen Fragen – die UN-Reform einmal beiseite gelassen – sind die Positionen ähnlich. Das zeigte sich unlängst etwa in der Iran-Politik. Während sich die französische Regierung der harten amerikanischen Haltung annäherte und Sanktionen notfalls ohne die Vereinten Nationen durchsetzen wollte, plädierten Berlin und Rom dafür, die Probleme im multilateralen Rahmen zu lösen.

Theoretisch betrachtet wären Deutschland und Italien daher geradezu ideale Partner in der Europa-, Außen- und Sicherheitspolitik. Praktisch aber blieben gemeinsame Initiativen auch unter Merkel und Prodi rar. Im ersten Halbjahr 2007 etwa hatte Berlin den Vorsitz in der Gruppe der G-8-Staaten wie in der EU inne. Dabei konnte die Kanzlerin brillieren und sowohl in der globalen Klimaschutzpolitik als auch bei den institutionellen Reformen der Europäischen Union bemerkenswerte Kompromisse aushandeln. Und wurde sie dabei mit aller Kraft von Italien unterstützt? Eher

---

[9] Vgl. Augusto Minzolini, Si profila un asse italo-tedesco, in: La Stampa vom 15.6.2006.

nicht. Verbal war Rom zwar ein treuer Verbündeter. In der Praxis aber tauchte Prodi bei den entscheidenden Gipfeltreffen weitgehend ab. Der italienische Premier spielte beispielsweise im Streit mit Polen so gut wie keine Rolle, während die Staats- und Regierungschefs Deutschlands, Frankreichs und Großbritanniens von Brüssel aus telefonisch mit ihrem widerspenstigen Kollegen in Warschau verhandelten. Der scheidende Premier Tony Blair aus dem europaskeptischen Großbritannien und der französische Europa-Neuling Nicolas Sarkozy wirkten in diesem entscheidenden Moment also an der Seite von Angela Merkel weit sichtbarer an der Bewältigung der europäischen Verfassungskrise mit als der ehemalige EU-Kommissionspräsident Romano Prodi aus dem europäischen Musterland Italien. So etwas schmerzt südlich der Alpen.

Nicht viel anders sieht es in der Iran-Frage aus. Während Berlin gemeinsam mit den ständigen Mitgliedern des UN-Sicherheitsrats in der Kontaktgruppe und somit an vorderster Front an einer Lösung der Atomkrise mitwirkt, bleibt Rom ausgeschlossen. Und das, obwohl Italien der wichtigste europäische Wirtschaftspartner des islamischen Landes ist.

5. Hegemonie und Schwäche

Den Italienern entgeht dieses allmähliche Abrutschen in die zweite Liga der europäischen Politik nicht. Dabei haben sie doch gute Gründe, auf einen gleichen Rang wie Deutschland zu pochen. Schließlich ist die italienische Wirtschaft aller Schwächen des Staates zum Trotz nach wie vor stark; die Renaissance von Fiat ist nur ein Beispiel dafür. Und kulturell – beim „saper vivere" – ist Italien ohnehin ein Gigant, der für Deutschland geradezu zum Hegemon geworden ist. Ob es nun um Kleidung, Kochkunst, Design, Architektur oder Musik geht, überall wirken Italiener in der Bundesrepublik stilbildend, von Armani über Illy (Espresso) bis hin zu Zucchero. Nur politisch kann das Land dem Partner im Norden offenbar nicht mehr viel bieten. In Berlin klagt man, aus Rom komme zu wenig Substanz. Der Eindruck herrscht vor, Italien verkaufe sich derzeit ein Stück weit unter Wert. In Rom wiederum beschwert man sich, man werde in Berlin nicht ernst genug genommen.

Hauptgrund für diese unterschiedlichen Wahrnehmungen ist die Schwäche des politischen Systems in Italien. Die Vielzahl der Parteien, die heterogenen Bündnisse auf der Rechten wie auf der Linken, die verfassungsrechtlich relativ schwache Stellung des Premierministers, dem die Richtlinienkompetenz des deutschen Kanzlers fehlt, und eine Gesetzgebung, bei der jede Entscheidung

… vom Abgeordnetenhaus wie vom Senat gebilligt werden muss, führen dazu, dass die jüngsten italienischen Regierungen weitgehend mit der Bewältigung innenpolitischer Krisen beschäftigt waren. Dies gilt besonders für die scheidende Regierung Prodi; hier war der Premier vor allem als Moderator und nicht selten als Krisenmanager gefragt, um seine Koalition aus Kommunisten, Sozialdemokraten, Grünen, Radikalliberalen und Christdemokraten zusammenzuhalten. Für eine schwungvolle Außenpolitik blieb da wenig Kraft und Zeit. Das trägt dazu bei, dass Rom in Berlin weniger wahrgenommen wird als Paris oder London.

Die italienischen Regierungen setzen in jüngster Zeit nun alles daran, dass die außenpolitische Schwäche des Landes nicht auch noch bei der Machtverteilung in den internationalen Institutionen zementiert wird. Hierin liegt ein Grund dafür, warum Rom bei der Reform des EU-Parlaments im Herbst 2007 so verbissen um jeden Abgeordnetensitz kämpfte und sogar – völlig untypisch für die italienische Europapolitik – die Möglichkeit eines Vetos andeutete[10]. Auch der entschlossene Kampf gegen einen ständigen Sitz Berlins im Sicherheitsrat lässt sich mit der Sorge erklären, auf der internationalen Bühne weiter an Bedeutung zu verlieren.

Die bilateralen Beziehungen zwischen Italien und Deutschland bleiben von solchen Ängsten nicht unberührt. Hier liegen wesentliche Ursachen der Entfremdung. Hinzu kommt, dass sich die Politiker beider Länder heute persönlich viel weniger kennen, als das früher der Fall war. Einst bestanden zwischen den Parteigrößen der *Democrazia Cristiana* (DC) und der CDU/CSU sowie des *Partito Comunista Italiano* und der SPD beste Kontakte, die sich auch fruchtbar auf die Europapolitik auswirkten. Heute hingegen muss sich etwa ein deutscher Christdemokrat fragen, an welche Partei er sich denn in Italien wenden soll: An die bisherige *Forza Italia* von Oppositionsführer Berlusconi, die sich Ende 2007 in eine so genannte Freiheitspartei umwandelte? An die gemäßigt oppositionelle *Unione dei Democratici Cristiani e Democratici di Centro* (UDC) von Pier Ferdinando Casini? Oder an die ebenso kleine wie lautstarke, nun zerfallende christdemokratische Partei *Unione Democratici per l'Europa* (Udeur) von Clemente Mastella? Die alten Verbündeten der DC sind auf viele Kräfte verteilt. Auf der Linken sieht es nicht viel anders aus. Einen Lichtblick zumindest gibt es: Mit Michael Steiner in Rom und Antonio Puri Purini in Berlin verfügen beide Staaten über diplomatisch schwergewichtige Botschafter im jeweils anderen

---

[10] Vgl. Adriana Cerretelli, Roma, l'Europa e il coraggio di un veto, in: Il Sole 24 Ore vom 18. 10. 2007.

Land. Das hilft dabei, die schleichende Entfremdung nicht in Desinteresse umschlagen zu lassen.

Angesichts der skizzierten Probleme kann es nicht verwundern, wenn es derzeit an großen deutsch-italienischen Impulsen und Initiativen in der Außenpolitik fehlt. Berlin betreibt seine Europapolitik vor allem mit Frankreich und Großbritannien, also mit Partnern, mit denen man eigentlich weniger gemeinsam hat als mit Italien. Die deutsch-italienische Entfremdung in der Politik muss jedoch kein Dauerzustand sein. Gelingen in Italien die nötigen Verfassungs- und Wahlrechtsreformen, um das Land leichter regierbar zu machen, so werden sich die Regierungen in Rom auch wieder mehr nach außen orientieren können. Deutschland und Italien könnten dann an dem anknüpfen, was sie in den Jahrzehnten nach dem Krieg gemeinsam für Europa geleistet haben. Beim deutsch-italienischen Regierungsgipfel im November 2007 in Meseberg wurden jedenfalls grundsätzliche Übereinstimmung in der Europapolitik deutlich – und die Skepsis gegenüber einer möglichen Bewerbung des britischen Ex-Premiers Tony Blair für das Amt eines Präsidenten der Europäischen Union.

6. Perspektiven

Premierminister Romano Prodi, der frühere Staatspräsident Carlo Azeglio Ciampi und das gegenwärtige Staatsoberhaupt Giorgio Napolitano haben immer wieder mit Nachdruck die Idee eines Kerneuropas beziehungsweise eines Europas der verschiedenen Geschwindigkeiten in die Diskussion gebracht[11]. Wenn sich ein Teil der EU-Staaten weiterer Integration verweigere, dürften sich die anderen Länder davon nicht ewig bremsen lassen, argumentierten die drei Italiener. Diese Einsicht könnte in einem Europa, das sich mit immer größeren Problemen – vom Klimaschutz über die Konflikte im Nahen und Mittleren Osten bis hin zur globalen Wirtschaftsordnung – konfrontiert sieht, bald stärkere Beachtung finden. Italien und Deutschland könnten dann wieder zu jenen Staaten werden, die bei der europäischen Integration voraneilen. Dies setzt voraus, dass Deutschland den Wert Italiens als Partner neu zu schätzen lernt und sich nicht zu sehr auf Frankreich und Großbritannien fixiert; und dass Italien historisch bedingte Vorbehalte und Ängste gegenüber Deutschland überwindet und sein politisches System stärkt.

---

[11] Vgl. Damiano Beltrami, „Ora Europa a due velocità", in: Il Sole 24 Ore vom 27.6.2007.

Angelo Bolaffi
Eine unendliche Geschichte als Fortsetzungsroman?

1. Bewunderung und Ressentiment

Es ist wahrscheinlich schon zu oft gesagt worden, dass die besondere Beziehung zwischen Italien und Deutschland seit jeher im Zeichen von gegenseitiger Bewunderung und hartnäckigem Ressentiment steht. Daher könnte man meinen, dass die aktuelle Phase, die Gian Enrico Rusconi als schleichende Entfremdung bezeichnet hat, nichts anderes ist als ein weiteres Kapitel einer unendlichen Geschichte – eine neue Episode eines ebenso alten wie ungelösten Dauerkonflikts und damit eigentlich nichts Ungewöhnliches, über das man sich erregen müsste. Aber wenn es um Deutschland und Italien geht, ist alles sehr viel komplizierter. Es sind vor allem irrationale Emotionen, die eine nüchterne Analyse der bilateralen Beziehungen unnötig erschweren und die man eher mit dem Instrumentarium der Ethnopsychologie als mit den Methoden der Soziologie oder der politischen Wissenschaft erfassen kann. Alte Vorurteile und tief verankertes Misstrauen leben immer wieder fast automatisch auf, und zwar auch dann, wenn es um gänzlich neue Probleme geht, die nichts – oder nur indirekt – mit den Traumata der Vergangenheit zu tun haben[1].

Die gegenseitige Aufladung von Alt und Neu gehört wie die Persistenz tief in der Geschichte verwurzelter historisch-kultureller Deutungsmuster gewissermaßen zur Normalität der komplexen europäischen Staatenwelt; italienisch-deutsche Besonderheiten sind hier nicht auszumachen. Wahr ist aber auch, dass in den Beziehungen zwischen den beiden „verspäteten Nationen", um eine berühmte Definition von Helmuth Plessner zu bemühen[2], historische und psychologisch-emotionale Kräfte der Anziehung oder Abstoßung im Spiel sind und dass solche Faktoren viel größeres

---

[1] Ein Beleg dafür ist die unwürdige, ja zuweilen missgünstige Polemik, die sich an der Müllkatastrophe in Neapel entzündet hat; vgl. Focus-online vom 8.1.2008: „Neapel. Müll provoziert Gewalt" und die diesbezüglichen Diskussionsbeiträge.
[2] Vgl. Helmuth Plessner, Die verspätete Nation. Über die politische Verführbarkeit bürgerlichen Geistes, Stuttgart ³1969.

Gewicht erlangten, als dies etwa im deutsch-französischen und deutsch-spanischen Verhältnis der Fall zu sein scheint. So schwanken die Italiener bekanntlich hinsichtlich Deutschlands und der Deutschen zwischen einem unbegründeten Minderwertigkeitskomplex, der vor allem aus der bestaunten Tüchtigkeit der Nachbarn im Norden resultiert, und der ebenso irrigen Überzeugung, den Deutschen in den wirklich wesentlichen Fragen des Lebens überlegen zu sein. Eine raffiniertere, kultiviertere Art zu leben sei der unabweisbare Beleg dafür. Mit anderen Worten: Die Italiener fühlen sich von den Deutschen im Stich gelassen, zuweilen sogar „verraten", wenn sie sich mit Häme oder Böswilligkeit konfrontiert sehen. Dabei legen sie eine mentale Verfassung an den Tag, aus der sich schwer schließen lässt, ob sie eher auf Ressentiments oder auf echte Enttäuschungen zurückzuführen ist. Zugleich mutmaßen die Italiener aber, dass die Bosheit und die kaum verhüllte Schadenfreude der Deutschen aus dem Neid auf zwei große Qualitäten herrühren, die sie – anders als die Italiener – nicht zu besitzen scheinen: die Kunst zu improvisieren und die Fähigkeit, nicht nur den Alltag, sondern auch plötzliche Unbilden des Lebens mit weiser Leichtigkeit und distanzierter Ironie zu meistern.

Die Deutschen dagegen begegnen Italien mit einem fast schon schizophrenen Hang, Vergangenheit und Gegenwart voneinander zu trennen, oder besser gesagt, letztere an einem unerreichbaren Ideal zu messen, das sich aus den goldenen Jahrhunderten zwischen Antike und Renaissance speist. Das reale Italien wirkt demgegenüber unscheinbarer, unattraktiver und untüchtiger, als es der Wirklichkeit entspricht. Die Deutschen lieben vorbehaltlos (ohne zu bemerken, wie grotesk diese Liebe bisweilen anmutet) italienische Kunst und Ästhetik (oder was sie dafür halten), aber sie verurteilen das moderne Italien zugleich ebenso vorbehaltlos, und zwar auf der Basis sturer Ignoranz und geradezu anthropologischer Vorurteile. Hierbei handelt es sich um eine gedankliche Operation, die fast zwangsläufig zu einer (böswilligen?) Reduktion der komplexen politischen, sozialen, wirtschaftlichen und kulturellen Realität führt. Letztlich wird alles über den Leisten oberflächlicher Allgemeinplätze und polemischer Vorurteile geschlagen. Diese selektive Perzeption macht es deutschen Beobachtern unmöglich, sich ein wahrheitsgetreues und umfassendes Urteil zu bilden, das die Stärken und Schwächen Italiens gleichermaßen abbildet – also nicht nur die Defizite, auf denen in den deutschen Medien mit fast schon obsessiver Lust herumgeritten wird, sondern auch die positiven Aspekte etwa auf dem Feld der Wirtschaft oder im Bereich der Kultur.

Dass die Deutschen Mühe haben, sich ein angemessenes Bild von Italien zu machen und alte Gemeinplätze hinter sich zu lassen, ist verständlich, aber deshalb noch lange nicht akzeptabel. Das Gleiche könnte man jedoch – mutatis mutandis – von den Italienern sagen, wenn sie über die deutsche Geschichte urteilen, so dass Henning Klüver schon recht hat, wenn er meint: „was im stereotypischen Umgang miteinander den Deutschen die Mafiosi sind, sind den Italienern die Nazis"[3]. Dennoch muss man sich fragen, warum in Deutschland noch immer ein Bild von Italien vorherrscht, das Carlo Levis Roman „Christus kam nur bis Eboli" oder Ignazio Silones Welterfolg „Fontamara" entstammen könnte; während Armut und Rückständigkeit sofort mit Italien in Verbindung gebracht werden, nimmt man kaum zur Kenntnis, dass Italien unter den Industriestaaten der Welt auf dem sechsten Platz rangiert.

Auch vieles andere dringt jenseits der Alpen nicht ins öffentliche Bewusstsein: Italien ist schon seit einiger Zeit kein Auswanderungsland mehr, sondern hat sich wie Deutschland zu einem Einwanderungsland entwickelt. Italien ist nicht nur das Land der Camorra, von der Roberto Saviano so mutig wie glänzend berichtet hat[4], es verfügt nicht nur im Norden über einzigartige „Leuchttürme" der Forschung, Technologie und Industrieproduktion, die dazu beitragen, dass das Land international wettbewerbsfähig bleibt. Anders wäre es nicht zu erklären, dass Italien nicht nur die Müllberge von Neapel produziert, sondern auch die siegreichen Sportwagen von Ferrari und die besten Motorräder der Welt. Italien ist auch mehr als das Land des Verfalls und der Misswirtschaft. Beispielsweise sind einige der berühmtesten Architekten hier zu Hause, und ein ausgefeiltes Modell der Landschafts- und Ressourcennutzung trägt dazu bei, Umwelt und Wohlstand gleichermaßen zu erhalten. Die Deutschen tun sich schwer zu begreifen, dass Italien ein *complexio oppositorum* ist, also beides sein kann: das Land unerhörter Fußballskandale und das Land, das sowohl die Weltmeistermannschaft als auch einige der erfolgreichsten Vereine überhaupt stellt.

Auch die Wirtschaftsbeziehungen sollte man nicht vergessen, wie es oft geschieht: Italien hat 2006 Waren im Wert von fast 5,5 Milliarden Euro nach Baden-Württemberg verkauft, was etwa dem entspricht, was Italien im gleichen Zeitraum nach China exportieren konnte. Italien war im selben Jahr außerdem einer der wichtigsten Handelspartner Bayerns. Beim bayerischen Import rangierte nur

---

[3] Vgl. Süddeutsche Zeitung vom 8. 1. 2008: „Die Nazis und die Mafia".
[4] Vgl. Roberto Saviano, Gomorrha. Reise in das Reich der Camorra, München 2007.

China vor Italien, und beim italienischen Export belegte Bayern mit einem Geschäftsvolumen von 4,5 Milliarden Euro den neunten Platz. Diese Daten beeindrucken nicht nur wegen ihrer Höhe und sie belegen auch nicht nur die besonders engen Austauschbeziehungen zwischen dem deutschen und dem italienischen Markt. Aber warum weiß man in beiden Ländern dennoch so wenig übereinander? Wie soll eine gemeinsame europäische Identität entstehen, wenn man sich nicht bemüht, diese Defizite zu beheben und die großen interkulturellen Unterschiede zu beseitigen, die selbst zwischen Ländern wie Italien und Deutschland bestehen, die auf einen jahrzehntelangen engen und bewährten kulturellen Austausch zurückblicken können?

2. Gestörte Kommunikation

Kann man heute wirklich von einer schleichenden Entfremdung zwischen Italien und Deutschland sprechen? Die italienisch-deutschen Beziehungen bildeten – trotz mancher Spannungen und Irritationen – über nahezu ein halbes Jahrhundert ein wichtiges Element der Kontinuität und der vertrauensvollen Kooperation im Prozess der europäischen Einigung. Muss man dagegen heute von einer gegenseitigen Distanzierung sprechen, die sich auf leisen Sohlen vollzieht, aber deshalb nicht weniger alarmierend ist? Unter bestimmten Voraussetzungen, meine ich, kann man diese Frage bejahen. Dazu gehört, dass man sich klar macht, dass der Begriff schleichende Entfremdung – so eingängig er ist – in Wahrheit zwei ganz unterschiedliche Prozesse meint, die in meinen Augen den eigentlichen Wurzelgrund dessen bilden, was der Begriff bezeichnen soll.

Es bedarf keiner umständlichen Erklärung, dass sich mit dem Fall der Berliner Mauer nicht nur die Koordinaten der Weltpolitik grundlegend verändert haben. Auch die italienisch-deutschen Beziehungen konnten davon nicht unberührt bleiben. Wenn der 9. November 1989 den Kalten Krieg beendet und die Globalisierung beschleunigt hat, dann hat er ohne Zweifel auch den politisch-diplomatischen Rahmen der Nachkriegsordnung gesprengt und so neue Voraussetzungen für das italienisch-deutsche Verhältnis geschaffen. Nach der Katastrophe der „Achse" Rom – Berlin und den schrecklichen Jahren der deutschen Besatzung zwischen 1943 und 1945, die den Tiefpunkt in den Beziehungen beider Länder markieren, hat sich im Schatten der Mauer und der deutschen Teilung eine Art *Entente cordiale* zwischen Italien und Deutschland herausgebildet, die zwar nie als Konkurrenz oder gar als Alternative zur deutsch-französischen Partnerschaft betrachtet werden konnte, aber dennoch in zweierlei Hinsicht eine äußerst wichtige Funktion erfüllte: Rom und Bonn bildeten einen stabilen Pfeiler, wenn der Prozess der politischen und wirtschaftlichen Einigung Europas in der Krise steckte, und die beiden Länder sorgten für neuen Schwung, wenn sich Ermüdung und Stagnation breit zu machen begannen. Italien und die Bundesrepublik waren – das zeigt die historische Analyse unabweisbar – die beiden Länder, die in einer Art konzertierter Aktion ihr ganzes diplomatisches, wirtschaftliches und demographisches Gewicht in die Waagschale warfen, um die römischen Verträge von 1957 zu ermöglichen. Die Grundlage dieses Einvernehmens bildeten ohne Zweifel das Trauma der totalitären Erfahrung und das Bewusstsein, im Ringen zwischen Ost und West an vorderster Front zu stehen. Von Bedeutung waren aber auch spezifische kulturelle Faktoren wie die Prägung von Alcide De Gasperi und Konrad Adenauer durch den politischen Katholizismus – ein Element, das sich in der Amtszeit von Helmut Kohl und Romano Prodi erneut bewährte und entscheidend dazu beitrug, dass die starken deutschen (und nordeuropäischen) Reserven gegen einen sofortigen Beitritt Italiens zur Euro-Zone überwunden werden konnten. Zu nennen wären ferner die gemeinsame Erinnerung Italiens und Deutschlands an ihren parallelen Sonderweg zum Nationalstaat und die Tatsache, dass beide Länder – wenn auch aus verschiedenen Motiven – ein schwach ausgebildetes und von der Geschichte „entzaubertes" Nationalgefühl haben: Deutschland aus Scham wegen des Holocaust, Italien aufgrund der Geschehnisse nach dem 8. September 1943, als sich der Staat nach der Kapitulation in nichts aufzulösen schien.

Dank dieses politischen Einverständnisses und der – wenn man so will – kulturellen „Wahlverwandtschaft" entwickelte sich zwischen Italien und Deutschland vom Ende der sechziger Jahre bis zur Zäsur von 1989 ein äußerst intensiver politisch-diplomatischer und intellektueller Dialog, der ein dichtes Netz persönlicher Beziehungen entstehen ließ, die wiederum das Fundament für ein italienisch-deutsches Gemeinschaftsprojekt schufen, das in puncto Intensität und Breitenwirkung wenigstens im Europa jener Jahre seinesgleichen sucht. Einige Beispiele mögen zur Illustration genügen: das Interesse, mit dem die Kommunistische Partei Italiens (PCI) unter der Führung von Enrico Berlinguer auf die SPD blickte, die Sympathie, mit der Willy Brandt und die Spitze der SPD das Experiment des Eurokommunismus verfolgten, während sie gleichzeitig dem Kurs von Bettino Craxi eine klare Absage erteilten, und nicht zu vergessen die stille, aber äußerst intensive diplomatische

Aktivität, die sich im Zeichen der Ostpolitik im Dreieck Botteghe Oscure (Sitz des PCI), Vatikan und Bundeskanzleramt zu entfalten begann.

In den siebziger Jahren kam es außerdem zu einer geradezu explosiven Verstärkung des interkulturellen Austausches zwischen Italien und Deutschland, die in Übersetzungen, Tagungen und Debatten ihren Ausdruck fand. Im Nachhinein erweist sich das, was uns damals als Explosion erschien, als riesiges gegenseitiges Missverständnis einer ganzen Generation von Intellektuellen und jungen politischen Protagonisten. Damals pilgerten zahlreiche Italiener in der Hoffnung nach Deutschland, um dort – in den Archiven und in den Werken rechtskonservativer bürgerlicher Autoren – Antworten auf die politische Krise in Italien zu finden. Gleichzeitig zog es, der alten Tradition der Bildungsreise entsprechend, viele deutsche Intellektuelle nach Italien; im *Belpaese*, so glaubten sie, sei man dabei, die Probe aufs Exempel zu machen, ob man in einem spätkapitalistischen Land eine sozialistische Revolution ins Werk setzen könne.

All das liegt unter den Trümmern der Berliner Mauer und der ersten italienischen Republik begraben. Niemand denkt mehr an den Sozialismus und niemand glaubt mehr, von Carl Schmitt lernen zu können, wie die Krise zu beheben sei, die Italien seit zwei Jahrzehnten dem Abgrund entgegenzieht. Die alten politischen und kulturellen Kommunikationskanäle, die jahrzehntelang den Dialog zwischen den beiden Ländern ermöglicht haben, sind versandet. Vor allem gilt dies für die Verbindungen der beiden größten Parteien Italiens, der Democrazia Cristiana und des PCI, zur CDU/CSU beziehungsweise zur SPD. Hier hat sich ein schwer zu füllendes Vakuum aufgetan, das eine der Hauptursachen der schleichenden Entfremdung sein dürfte, die Rusconi diagnostiziert hat. Zuvor, so hat man gesagt, haben Deutsche und Italiener über Jahrzehnte hin miteinander gesprochen, ohne sich zu verstehen. Jetzt sprechen sie überhaupt nicht mehr miteinander.

3. Gewichtsverlagerungen

Vielleicht hat die schleichende Entfremdung aber auch noch tiefere und ernstere Gründe. Das Ende der bipolaren Welt, das in der deutschen Wiedervereinigung den sichtbarsten Ausdruck fand, und das Ende der Teilung Europas führten auch dazu, dass die Parameter an Gültigkeit verloren, die den Dialog zwischen Deutschland und Italien nach 1945 konditionierten. Hier liegt in meinen Augen des Pudels Kern. Das, was uns heute – trotz aller

Höhen und Tiefen – als die glücklichen Jahre in den italienisch-deutschen Beziehungen erscheint, war nur unter bestimmten Voraussetzungen möglich, die von der Geschichte weggewischt worden sind. Die deutsche Wiedervereinigung hat Italien buchstäblich marginalisiert, und zwar nicht nur aus demographischen, ökonomischen und geopolitischen Gründen. Im heutigen Europa der 27 hat Italien nicht mehr das gleiche Gewicht wie in den sechziger Jahren, während ihre wiedergewonnene Zentralität die Bundesrepublik in eine erheblich bessere strategische Position gebracht hat, die es ihr erlaubt, die politische Agenda in Europa zu bestimmen. So paradox es auch klingen mag: Gerade die Tatsache, dass es gelungen ist, das gemeinsame Ziel zu erreichen, nämlich die Überwindung des Eisernen Vorhangs, ist der Hauptgrund der schleichenden Entfremdung, die sich zwischen Italien und Deutschland vollzieht. Die Europäische Union von heute mit der neuen Bundesrepublik im Zentrum ist meilenweit vom Europa der römischen Verträge entfernt; damals wollte man Westeuropa zusammenführen, um zu verhindern, dass sich die Katastrophe des „Weltbürgerkriegs" wiederholte, zu der Italien und Deutschland maßgeblich beigetragen hatten, und zugleich die deutsche Frage ein für allemal lösen. Heute soll die Einheit Europas der Selbstbehauptung der Alten Welt im globalen Wettbewerb dienen.

Doch damit nicht genug. Italien und Deutschland suchten in der europäischen Idee einen Ersatz für ihre unterentwickelte nationale Identität. Westdeutschland bewegte dabei die Hoffnung, dass der Übergang zu einem postnationalen Staat die Gespenster der Vergangenheit endgültig vertreiben würde, während Italien die Funktionsdefizite seines schwachen und ineffizienten Staates mit Hilfe Europas beheben wollte. Heute wissen wir, dass die Vision der Vereinigten Staaten von Europa auf unabsehbare Zeit eine solche bleiben wird. Die Nationalstaaten, auch wenn sie in ihrer Souveränität beschränkt und geschwächt sind, werden noch für lange Zeit die „Herren der Verträge" bleiben. Die Legitimation europäischer Institutionen ist zwar im Vergleich zu früher gewachsen, sie vermag aber die Legitimation der Nationalstaaten nicht zu ersetzen. Der Berliner Republik scheint, aller schwankenden Unsicherheiten zum Trotz, ein passables Verhältnis zu sich selbst und eine eigene nationale Identität gefunden zu haben. Die Krise des politischen Systems Italiens ist dagegen nicht zu Ende; sie trägt in entscheidendem Maße dazu bei, dass Italiens Gewicht in Europa abgenommen hat – und hier vor allem im Verhältnis zu Deutschland. Die schleichende Entfremdung wurzelt in dieser neuen Konstellation, und nicht in den Köpfen von Politikern und Intellektuellen.

Gibt es eine Chance, den politisch-kulturellen Dialog zwischen Italien und Deutschland in einem so radikal veränderten geostrategischen Umfeld neu zu beleben? Kann das italienisch-deutsche Tandem seine alte Rolle als Impulsgeber und Wegweiser bei der europäischen Einigung zurückgewinnen? Schaut man nur auf Italien, so gibt es wenig Anlass zu Optimismus. Mit dem politischen Gewicht verhält es sich nämlich so wie mit dem Mut, von dem schon Don Abbondio sagt: man hat ihn oder man hat ihn nicht; geben kann ihn dir keiner.

Aus dem Italienischen übersetzt von Thomas Schlemmer und Hans Woller.

Rolf Petri
Realität und Wahrnehmung der deutsch-italienischen Wirtschaftsbeziehungen

1. Die Verflechtung der beiden Volkswirtschaften

Seit mindestens einhundert Jahren intensivieren sich die Wirtschaftsbeziehungen zwischen Italien und Deutschland trotz zeitweiliger Rückschläge nach dem Ersten und Zweiten Weltkrieg[1]. Dies gilt allerdings vor allem für den Handelsaustausch, für die jahrzehntelange Arbeitsmigration und schließlich für den Tourismus. In den Jahren zwischen 1999 und 2004 war Italien viertgrößter Exporthandelspartner und viert- beziehungsweise fünftgrößter Importhandelspartner Deutschlands.

Italienischer Güterverkehr mit Deutschland 1999 bis 2004 in Milliarden Euro

Jahr	Ausfuhren	Einfuhren	Bilanz
1999	37,0	39,7	- 2,7
2000	39,6	45,5	- 5,9
2001	40,1	47,1	- 7,0
2002	37,3	46,8	- 9,5
2003	37,2	47,5	-10,3
2004	38,2	50,7	-12,5

Quelle: External and Intra-European Union Trade, hrsg. von der Europäischen Kommission (Eurostat), Luxemburg 2005, S. 60.

Für Italien, dessen Außenhandelsvolumen zwischen der Hälfte und einem Drittel der deutschen Werte schwankte, bildete Deutschland zur gleichen Zeit den wichtigsten Ausfuhr- und Einfuhrmarkt. Entsprechend der für Italien tendenziell negativen bilateralen Handelsbilanz ging der italienische Anteil an den deutschen Exporten

---

[1] Vgl. Peter Hertner/Giorgio Mori (Hrsg.), La transizione dall'economia di guerra all'economia di pace in Italia e in Germania dopo la Prima guerra mondiale, Bologna 1983, und Maximiliane Rieder, Deutsch-italienische Wirtschaftsbeziehungen. Kontinuitäten und Brüche 1936–1957, Frankfurt a.M./New York 2003, S. 353–445.

zwischen 1995 und 2005 geringfügig von 7,6 Prozent auf 6,9 Prozent zurück, während die Importe nach Deutschland von 8,6 Prozent auf 5,7 Prozent abfielen; gleichwohl hat sich an der gegenseitigen Bedeutung der beiden nationalen Märkte füreinander nichts Grundlegendes geändert[2].

Jenseits der seit langem gefestigten Intensität des Handelsaustausches müssen jedoch einige qualitative Veränderungen hervorgehoben werden, die sich in jüngster Zeit im Rahmen der bilateralen Wirtschaftsverflechtungen ergeben haben und die nicht zuletzt auf Impulse der Globalisierung und der europäischen Integration zurückzuführen sind. Während früher der Warenaustausch und der italienische Export von Arbeitskraft beziehungsweise das Angebot von Dienstleistungen (Tourismus) vorherrschten, wachsen seit dreißig Jahren auch die Finanz- und Industriekapitalströme an; zugleich verdichten sich die gegenseitigen Investitionsbeteiligungen. Nicht nur werden zahlreiche Betriebe in Italien von deutscher Seite kontrolliert, vielmehr befinden sich auch ungefähr hundert deutsche Unternehmen in italienischer Hand[3]. Damit bleibt die reale Entwicklung auf diesem Feld jedoch weit hinter den Möglichkeiten zurück. In der Tat bewegt sich die gegenseitige finanzielle Durchdringung durch Direktinvestitionen auf einem überraschend niedrigen Niveau, wenn man sich die Bedeutung der beiden Wirtschaftssysteme, ihre geographische Nähe und ihre größere Verflechtung mit anderen Ländern in ähnlich gelagerten Fällen vor Augen hält. Deutschland, drittgrößte Wirtschaftsmacht der Welt, nimmt unter den Staaten, die in Italien investieren, nur den siebten Rang ein und wird darin auch von deutlich kleineren Ländern wie der Schweiz, Österreich oder den Niederlanden übertroffen. Italien rangiert unter den ausländischen Investoren in Deutschland sogar nur an elfter Stelle. Es scheint so, als hielten Investoren aus den beiden Ländern den Markt des jeweils anderen für besonders unergiebig, unattraktiv oder generell schwierig. Gleichzeitig wächst jedoch auf beiden Seiten das *immigrant business*, das nicht aus Direktinvestitionen, sondern aus einem dauerhaften Transfer von Humankapital besteht. Dieses Phänomen tritt

---

[2] Vgl. External and Intra-European Union Trade, hrsg. von der Europäischen Kommission (Eurostat), Luxemburg 2005, S. 48 und S. 60; Konjunkturmotor Export. Materialien zum Pressegespräch am 30. Mai 2006 in Frankfurt a.M., hrsg. vom Statistischen Bundesamt, Wiesbaden 2006, S. 12.
[3] Vgl. Peter Hertner, Investimenti italiani nella Repubblica Federale Tedesca dagli anni Sessanta fino al termine degli anni Novanta, in: Gustavo Corni/Christof Dipper (Hrsg.), Italiani in Germania tra Ottocento e Novecento, Bologna 2006, S. 491–520.

vor allem in den alpennahen Regionen auf, die in beiden Ländern zu den dynamischsten gehören[4].

Die italienische Wirtschaft besitzt für Deutschland objektiv ein beachtliches Gewicht, während umgekehrt Deutschland aufgrund der anhaltenden Asymmetrie beider Systeme für Italien hinsichtlich der wirtschaftlichen Wachstumschancen eine noch gewichtigere Rolle spielt. Mit Blick auf das hier gestellte Thema reicht es jedoch nicht, die Daten über die Ein- und Ausfuhr, die Direktinvestitionen und den Tourismus, über die früheren Gastarbeiter, die sich selbständig gemacht haben, und über andere transnationale unternehmerische Initiativen abzugleichen. Mit anderen Worten: Man darf sich nicht auf die reale Ökonomie beschränken, sondern muss vielmehr auch die „gefühlte" Ökonomie als eigenständigen Faktor in Rechnung stellen. Weder die öffentliche Wahrnehmung noch die Meinungen von Politikern, Unternehmern und Wirtschaftsexperten folgen notwendigerweise dem Verlauf der Datenkurven. Aber auch hinsichtlich der gegenseitigen Perzeption muss zwischen einem eventuellen Desinteresse und einer jüngst aufgekommenen möglichen Entfremdung unterschieden werden. Während die erstgenannte Dimension auf ein eher konstantes Merkmal verweist, das sich nur über längere Zeiträume hinweg angemessen beobachten lässt, legt die zweite einen in letzter Zeit aufgetretenen beschleunigten Wandel nahe.

2. Gegenseitiges Interesse und Desinteresse in den Jahren 1945 bis 1998

Um genauere Hinweise auf das Verhältnis zwischen Wahrnehmung und realer Bedeutung in den bilateralen Wirtschaftsbeziehungen zu erhalten, müsste man sich spezifischer Instrumente und Methoden bedienen, die den Rahmen des vorliegenden Beitrages sprengen würden; wir bewegen uns also zwangsläufig auf einer eher spekulativen Ebene. Immerhin lassen sich auch so einige Eindrücke gewinnen, wenn wir die deutschen Perzeptionen der italienischen Wirtschaft in den 50 Jahren zwischen Wiederaufbau und Währungsunion untersuchen. Dabei überrascht es nicht allzu sehr, wenn

---

[4] Vgl. Sonja Haug, Soziales Kapital und Kettenmigration. Italienische Migranten in Deutschland, Opladen 2000; Claudia Martini, Italienische Migranten in Deutschland: Transnationale Diskurse, Berlin 2001; Maximiliane Rieder, Migrazione ed economia. L'immigrazione italiana verso la Germania occidentale dopo la seconda guerra mondiale, in: Mariella Guidotti/Sonja Haug (Hrsg.), Emigrazione italiana in Germania, Rom 2005, S. 633–654 (Themenheft der Zeitschrift Studi Emigrazione).

einige deutsche Beobachter in den fünfziger Jahren voller Erstaunen die Produktionskapazitäten der italienischen Industrie registrierten, hatten sie doch noch das Bild eines traditionalistischen Agrarlands vor Augen, das sich allenfalls dem Tourismus öffnete. Die Kommentare, mit denen dieser Wandel erklärt und gedeutet werden sollte, muteten teilweise schizophren an, denn einerseits begrüßte man die Liberalisierung, beklagte aber andererseits aus ideologischen Gründen das Gewicht der Staatsindustrien, die in diesem Entwicklungsprozess eine entscheidende Rolle spielten.

Auch nachdem Italien zu Beginn der sechziger Jahre ein vollindustrialisiertes Land geworden war, betonte man in Deutschland die Unterschiede, die vor dem Hintergrund der eigenen Ordnungsvorstellungen und Leitbilder wahrgenommen wurden: der frühzeitige Rückgriff auf antizyklische Konjunkturprogramme, der Radikalismus der katholischen Linken, das Gewicht der kommunistischen Partei, das Übergreifen der studentischen Revolte auf die Arbeiterschaft. Parallele Entwicklungen in den beiden Ländern wurden hingegen gerne übersehen. Nicht anders verhielt es sich noch in den siebziger und in einem etwas geringeren Maße in den achtziger Jahren, als man bei der Beschreibung des Anderen den Kontrastbegriff soziale Marktwirtschaft bemühte. Dieses Etikett beeinträchtigte allerdings die volle Anerkennung des Wachstums in anderen Ländern. Wenn nämlich der soziale Friede das deutsche „Wirtschaftswunder" erklärte und die „Streikbesessenheit" der Arbeiter, das sprichwörtliche organisatorische Unvermögen, die endemische Gewaltbereitschaft und das politische Chaos in Italien das negative Gegenbeispiel dazu bildeten – wie konnte es dann sein, dass ein solches Land trotzdem vergleichbare und sogar höhere Wachstumsraten aufwies als Deutschland? Dies entsprach nämlich der selten erörterten Realität, wie sie sich im Mittel aus den Zahlen für die siebziger Jahre ergibt.

Insgesamt besteht der Eindruck, dass man in den Nachkriegsjahrzehnten die bilateralen Beziehungen nicht ihrer objektiven Relevanz entsprechend gewürdigt hat, als ob nach der Erfahrung beider Weltkriege eine Anerkennung der wirtschaftlichen Bedeutung füreinander nicht wirklich populär gewesen wäre. Wenn dem so ist, dann besteht eine gewisse Kontinuität zwischen der Gegenwart und der Vergangenheit. Nachhaltige Aufmerksamkeitsschübe, die von unerwartet eintretenden ökonomischen Fakten ausgelöst wurden, unterbrachen jedoch bisweilen diese grundsätzliche Haltung relativer Indifferenz. Die Kommentare mündeten in solchen Fällen in eine euphorische Idealisierung beziehungsweise orientierten sich am Kanon der überkommenen negativen Vorurteile.

Man gewinnt jedoch auf jeden Fall den Eindruck, dass zwischen Kriegsende und Maastrichter Vertrag – auch im Zusammenhang mit der objektiven strukturellen Konvergenz zwischen den beiden Volkswirtschaften – die Vorurteile seit den achtziger Jahren immer seltener hochgekommen sind. Oder vielleicht wäre es besser zu sagen, dass man sich mehr und mehr den stereotypen Selbstbildern der jeweils anderen Seite angeglichen hat[5].

3. Konvergenzen und Divergenzen nach 1998

Vor dem Hintergrund der skizzierten längerfristigen Entwicklungen stellt sich nun die Frage, ob nach dem 1998 erfolgten Beitritt beider Länder zur Währungsunion im ökonomischen Bereich und auf der Ebene der gegenseitigen Wahrnehmung eine wachsende Entfremdung eingesetzt hat. Sichere Erkenntnisse dazu gibt es nicht, und ebenso wenig können sie hier durch eine systematische Auswertung der publizistischen und journalistischen Quellen geliefert werden. Doch zweifellos liegt der Eindruck nahe, dass Presse und Publizistik sowohl in Italien als auch in Deutschland heute weniger als in den siebziger, achtziger und neunziger Jahren von der Wirtschaft des jeweils anderen Landes sprechen.

Hierfür lassen sich zahlreiche, auch gegensätzliche Gründe anführen. So kann die Aufmerksamkeit für den anderen zurückgehen, weil dieser nicht mehr im selben Maße wie früher als anders erfahren wird. In diesem Fall hätten wir es also mit Folgen der Konvergenz zu tun. Eine weitere Ursache kann darin liegen, dass der andere als Faktor, der die eigenen Interessen sowie die eigene Lebens- und Handlungsweise beeinflusst, an Gewicht verloren hat. Dabei könnte es sich um auseinander driftende Wirtschaftssysteme oder zumindest um eine wachsende Divergenz ihrer jeweiligen Aktionsfelder und Interessenssphären handeln. Dass man weniger übereinander spricht, kann also sowohl aus einer größeren Nähe als auch aus einer effektiven Entfremdung resultieren. Und als dritte Möglichkeit lässt sich auch nicht ausschließen, dass auf unterschiedlichen Feldern beide Entwicklungsprozesse ablaufen und dabei aus gegensätzlichen Gründen gleichermaßen zur Minderung der gegenseitigen Aufmerksamkeit beitragen.

Ohne dieses Problem im Rahmen dieses Beitrags systematisch analysieren zu können, möchte ich doch zumindest eine vorläufige

---

[5] Vgl. dazu ausführlich Rolf Petri, L'immagine dell'economia italiana nella stampa economica tedesca, in: Stuart J. Woolf (Hrsg.), L'Italia repubblicana vista da fuori (1945–2000), Bologna 2007, S. 195–338.

Antwort auf folgende Fragen versuchen: Hat es in den letzten zehn Jahren Momente wachsender Konvergenz gegeben, die für mehr Normalität in den bilateralen Beziehungen sprechen? Oder sind häufiger als früher Motive der Divergenz und Abweichung aufgetreten, die eine zumindest partielle, aber wachsende Entfremdung zu erklären vermögen? Tatsächlich fehlt es nicht an möglichen Gründen für eine größere Konvergenz. Der vielleicht wichtigste von ihnen liegt darin, dass die währungspolitischen Konzepte der beiden Länder seit den sechziger und siebziger Jahren und insbesondere nach dem Ende von Bretton Woods oftmals diametral entgegengesetzt waren. Obgleich dies mitunter faktisch einem komplementären wirtschaftlichen Interesse entsprach, wurden sowohl die Inflationspolitik der siebziger Jahre als auch die antiinflationistische Verschuldungspolitik im Italien der achtziger Jahre von der deutschen öffentlichen Meinung als zu vermeidende Negativmodelle kritisiert. In den neunziger Jahren hat sich die deutsche Politik der Geldwertstabilität, die weit über den kurzen Vereinigungsboom hinausreichte, objektiv destabilisierend auf das europäische Währungssystem ausgewirkt und einen nicht unerheblichen Teil der Vereinigungskosten auf die Europäer, darunter die Italiener, abgewälzt. Indem die Währungsunion den Mechanismen nationaler Währungspolitik ein Ende setzte und dadurch zur Angleichung von Zinssätzen und Inflationsraten in den verschiedenen Ländern führte, beseitigte sie damit sozusagen auch ein Diskussionsthema, das zwischen Italien und Deutschland ungefähr 30 Jahre lang eine wichtige Rolle gespielt hatte[6].

Auch weitere seit den achtziger und neunziger Jahren aufgetretene Konvergenzlinien ließen sich nennen: So hat beispielsweise der Frieden an der Gewerkschaftsfront, der nach dem von Bettino Craxi 1984 durchgesetzten Referendum über die Lohngleitklausel (*scala mobile*) eintrat, den deutschen Zeitungen den Anlass genom-

---

[6] Vgl. Peter Bernholz, Die Bundesbank und die Währungsintegration in Europa, in: Fünfzig Jahre Deutsche Mark. Notenbank und Währung in Deutschland seit 1948, hrsg. von der Deutschen Bundesbank, München 1998, S. 777–833; Annamaria Simonazzi/Fernando Vianello, Liberalizzazione finanziaria, moneta unica europea e occupazione, in: Felice Roberto Pizzuti (Hrsg.), Globalizzazione, istituzioni e coesione sociale, Catanzaro 1999, S. 242–264; Hans-Werner Sinn, Die rote Laterne. Die Gründe für Deutschlands Wachstumsschwäche und die notwendigen Reformen, in: ifo Schnelldienst 55 (2002) Nr. 23 (Sonderausgabe), S. 9–14; Barbara Curli, Crisi economica, Stati nazionali e „identità europea" nei primi anni Settanta: alle origini dell'unione monetaria, in: Marco Doria/Rolf Petri (Hrsg.), Banche, multinazionali e capitale umano. Studi in onore di Peter Hertner, Mailand 2007, S. 109–125.

men, ihre klagenden Litaneien über die Streiks in Italien fortzuführen. Am bedeutsamsten ist jedoch der Umstand, dass der öffentliche Diskurs noch in jüngster Vergangenheit Deutschland wie Italien gleichermaßen bestimmte Charaktermerkmale zugeschrieben hat: die vermeintlich mangelnde Flexibilität des Arbeitsmarkts, die Überalterung der Gesellschaft, die Reformbedürftigkeit der sozialen Sicherungssysteme, die vermeintlich geringe Wettbewerbsfähigkeit aufgrund hoher Kosten und die damit verbundene Verlagerung von Arbeitsplätzen nach Osteuropa, das zumindest bis vor kurzem bescheidene Wirtschaftswachstum, die Probleme bei der Begrenzung des Defizits der öffentlichen Hand gemäß den Maastricht-Kriterien und schließlich allgemein der „anhaltende Stillstand ohne gegensteuerndes Reaktionsvermögen"[7].

Man könnte in der Auflistung fortfahren, doch das bisher Gesagte reicht wohl zur Erklärung aus, warum Währungsunion und gemeinsamer Markt bedeutsame Divergenzen zwischen den großen Gründungsstaaten der EWG – Italien, Frankreich und Deutschland – aus dem Weg geräumt haben. Dies gilt nicht nur absolut, sondern auch gegenüber den weit stärker ausgeprägten Differenzen, die sich aus der gleichzeitigen Ausweitung der Europäischen Union auf ärmere Länder beziehungsweise aus der dynamischen Entwicklung von Staaten der zweiten oder dritten EU-Generation wie Spanien, Schweden oder Irland ergeben haben. Kurzum, es war interessanter, über diese neuen Aspekte zu reden anstatt von Italien und Deutschland, wo man doch nur Gefahr lief, einmal mehr in das vertraute *déjà vu* zu verfallen.

Welches sind nun andererseits die möglichen Ursachen, die zu Divergenzen geführt haben? Ein erster Grund dafür, dass man heute in Deutschland weniger von Italien spricht, liegt wahrscheinlich darin, dass das industrielle System dieses Landes im Vergleich zur Situation von vor zwei oder drei Jahrzehnten in seiner globalen Wettbewerbsfähigkeit geschwächt scheint[8]. Um diese „Zurückstufung" voll und ganz beurteilen zu können, muss man zeitlich etwas weiter ausholen. In den achtziger und frühen neunziger Jahren galt Italien auf den Weltmärkten als dynamischer und wendiger Konkurrent, weil es mit der flexiblen Spezialisierung

---

[7] Giuseppe De Rita, Considerazioni generali, in: CENSIS: il Rapporto Annuale 2002. XXXVI Rapporto sulla situazione sociale del paese, Mailand 2002, S. IX–XXIV, hier S. X; für Deutschland vgl. Hans-Werner Sinn, Deutsche Rede. Der kranke Mann Europas: Diagnose und Therapie eines Kathedersozialisten, München 2003.
[8] Vgl. Italiens Wirtschaft verliert an Konkurrenzfähigkeit, in: bfai Datenbank „Länder und Märkte", 27.7.2007.

*klein*industrieller Distrikte originelle Wege beschritt, um die Krise der Großindustrie zu überwinden[9]. Gehen wir sogar auf die Zeit zwischen den fünfziger und den beginnenden siebziger Jahren zurück, zeigt sich, dass das privat oder staatlich getragene *groß*industrielle System Italiens in vielen Sektoren zusammen mit dem japanischen als vielversprechender neuer Akteur unter den *global players* angesehen wurde[10]. Zahlreiche Faktoren, darunter eine Privatisierungspolitik, die sich an wirtschaftsliberalen Dogmen orientierte und mit einer notwendigen Sanierung der Staatsfinanzen begründet wurde, haben aber dazu geführt, dass auch die Industriepolitik weitgehend aufgegeben und die Stellung bedeutender Teile der bereits durch politische Korruption und Finanzspekulation geschwächten Großindustrie bis zum Zusammenbruch unterminiert wurde. Daher sind viele italienische Unternehmen und Produkte von Märkten verschwunden, wo sie früher kaum zu übersehen waren[11]. Zugleich ließ der Aufschwung der Volkswirtschaften im Fernen Osten und insbesondere in China die Grenzen der Innovationsfähigkeit der italienischen Industriedistrikte deutlich werden. Außerdem erzielte die italienische Groß- und Kleinindustrie aus im Übrigen erklärbaren historischen Gründen nur selten jene Synergieeffekte, wie sie beispielsweise für die *cluster economies* in Süddeutschland typisch sind[12]. Heute liegt die Stärke dort, wo sich die Innova-

---

[9] Vgl. Giacomo Becattini/Giuliano Bianchi, Sulla multiregionalità dello sviluppo economico italiano, in: Note economiche 5/6 (1982), S. 19–39, und Michael J. Piore/Charles F. Sabel, Italian Small Business Development: Lessons for U.S. Industrial Policy, in: John Zysman/Laura Tyson (Hrsg.), American Industry in International Competition, Ithaca 1983, S. 391–421.

[10] Ein Beispiel für die positive Wahrnehmung dieser *mixed economy* in jenen Jahren: Michael V. Posner/Stuart J. Woolf, Italian Public Enterprise, Cambridge/Mass. 1967; für ein Urteil aus jüngerer Zeit steht Fabrizio Barca (Hrsg.), Storia del capitalismo italiano dal dopoguerra a oggi, Rom 1997.

[11] Vgl. Marcello De Cecco, L'economia di Lucignolo. Opportunità e vincoli dello sviluppo italiano, Rom 2000, S. 119; Giovanni Federico/Renato Giannetti, Le politiche industriali, in: Franco Amatori u.a. (Hrsg.), Storia d'Italia – Annali 15: L'industria, Turin 1999, S. 1127–1159, hier S. 1157f.; Giorgio Petroni/Alberto Ivo Dormio, Il „lungo addio" dell'industria chimica italiana, in: Geoffrey John Pizzorni, L'industria chimica italiana nel Novecento, Mailand 2006, S. 155–170.

[12] Vgl. Frank Pyke/Werner Sengenberger (Hrsg.), Industrial Districts and Local Economic Regeneration, Genf 1992; Michael E. Porter, The Competitive Advantage of Nations, London 1990; Remigio Ratti (Hrsg.), The Dynamics of Innovative Regions. The GREMI Approach, Aldershot 1997; Wolfgang Streeck, Social Institutions and Economic Performance. Studies of Industrial Relations in Advanced Capitalist Economies, London 1992.

tionskraft der Großindustrie mit den flexiblen Anpassungsleistungen der Kleinindustrie verbindet. Genau der Aufbau eines solchen Systems gelingt in Italien offenbar nicht oder nur in Ausnahmefällen[13].

Ferner haben die italienischen Bemühungen, die öffentlichen Ausgaben zu begrenzen, der Perspektivenwechsel im industriellen Management nach der Abkehr von den Prinzipien technokratischer Intervention sowie das Fehlen einer echten Industriepolitik dazu beigetragen, dass die Investitionen in Forschung und Entwicklung zurückgingen und die Infrastruktur veraltete. All diese Phänomene behindern einen neuen Aufschwung. Ebenso wie die Großindustrie zeichnete sich schließlich auch das italienische Finanz- und Bankensystem zumindest bis in die jüngste Vergangenheit durch die mangelnde Fähigkeit aus, ausländische Märkte zu durchdringen. Zwar werden sich die italienischen Industriebetriebe auch in Zukunft entsprechend der konjunkturellen Großwetterlage auf den Märkten der Welt behaupten, doch insgesamt gesehen ist momentan jener aggressive und innovative Zug verblasst, der sie auf die eine oder andere Art zwischen den fünfziger und den achtziger Jahren ausgezeichnet hatte. Man spricht also heute in Deutschland auch deshalb weniger von Italien, weil das Land in der Welt weniger gegenwärtig ist als früher.

Zu diesen divergierenden Tendenzen, die in eine geringere gegenseitige Aufmerksamkeit münden, kommen noch die unterschiedlichen Perspektiven hinzu, die sich für die beiden Länder aus den geo-ökonomischen Veränderungen nach 1989 und aus der Währungsunion ergeben haben. Einerseits versuchte man in Deutschland wie in Italien, den eigenen Einfluss auszudehnen. Dabei richtete Italien beispielsweise sein Interesse auf Albanien und das frühere Jugoslawien, auf Rumänien, Russland und den Mittelmeerraum, wobei es mit den Deutschen teils konkurrierte, teils kooperierte. Die wirtschaftsgeographischen Schemata, denen die beiden Länder folgten (einige davon kennen wir bereits aus der Geschichte[14]), standen also einerseits im Zeichen der Konkurrenz, nahmen andererseits aber auch komplementäre Züge an. In der Tat galt Deutschlands größte Aufmerksamkeit den politischen und wirtschaftlichen Entwicklungen in den östlichen Nachbarländern und mehr noch der Eingliederung des baltischen und skandinavischen Raums in den eigenen Einflussbereich[15]. Die geo-

---

[13] Vgl. Renato Giannetti, Mutamento tecnico e sviluppo (1880–1980), in: Pierluigi Ciocca (Hrsg.), Il progresso economico dell'Italia. Permanenze, discontinuità, limiti, Bologna 1994, S. 47–79, hier S. 79.

[14] Vgl. Rieder, Wirtschaftsbeziehungen, S. 149–193.

[15] Vgl. Pami Aalto, European Union and the Making of a Wider Northern

graphischen Aktionsfelder der beiden Länder fielen somit nur partiell zusammen.

Auf globaler Ebene wirkte sich die bereits angesprochene unterschiedliche Reaktions- und Innovationsfähigkeit aus. Vielleicht beginnt sich dies nun zu ändern, doch noch bis vor ein oder zwei Jahren wurde China in Italien vorrangig als bedrohlicher Rivale wahrgenommen, der unlautere Mittel einsetze, während in Deutschland, so scheint mir, von Anfang an die mit dem Aufstieg Chinas verbundenen Chancen im Vordergrund standen. Aus den effektiv gegebenen wirtschaftlichen Unterschieden folgt hier also im Rahmen der wirtschaftlichen Globalisierungsprozesse eine partielle Abweichung hinsichtlich des Sprachgebrauchs und der Strategien.

Aus der Globalisierung ergibt sich schließlich ein weiteres Phänomen, an dem Italien und Deutschland ebenso wie der Rest der Welt teilhaben. Gemeint ist die Regionalisierung von Kontakten auf wirtschaftlicher, administrativer und politischer Ebene, die nicht nur in Europa zu beobachten ist[16]. Auch aus diesem Grund spielt das nationale Element heute eine geringere Rolle als früher. Wenn man nicht direkt von interregionalen Initiativen wie Alpenregionen oder Euroregionen spricht, so doch zumindest von Beziehungen des italienischen Nordostens zu Deutschland oder Bayerns zu Italien. Auch in diesem Fall kann man nicht davon ausgehen, dass der Sprachgebrauch die wirtschaftliche Realität genau abbildet und die wirtschaftliche Relevanz des Nationalstaats schon entsprechend geschwächt ist. Gleichwohl ist festzuhalten, dass in den Diskursen und Deutungen, die sich auf ökonomische Prozesse beziehen, das nationale Paradigma seine Monopolstellung zu verlieren beginnt. Italiener und Deutsche empfinden und definieren sich im Tagesgeschäft also häufiger als früher als Angehörige von Regionen oder Makrozonen und weniger als Teil einer Nation. Die Beziehungen intensivieren sich, die Entfremdung nimmt ab, jedoch betrifft diese alltägliche Erfahrung immer weniger die nationale Ebene, die dank der kaum mehr sichtbaren Grenzen nur noch im Hintergrund eine Rolle spielt.

Europe, London/New York 2006.
[16] Vgl. Patrik Le Galès/Christian Lequesne (Hrsg.), Regions in Europe, London/New York 1998; Michael Keating, The New Regionalism in Western Europe. Territorial Restructuring and Political Change, Cheltenham/Northampton 1998.

4. Fazit

Die Handelsbilanzen zeigen – um nochmals auf meine einleitenden Bemerkungen zurückzukommen – die Bedeutung der bilateralen Wirtschaftsbeziehungen sowohl für Italien als auch für Deutschland. Die übrigen wirtschaftlichen Verflechtungen nehmen qualitativ und quantitativ ebenfalls zu, wenngleich es sich dabei um einen langsamen Prozess handelt, der unterhalb seiner augenscheinlichen potentiellen Möglichkeiten bleibt. Trotz jener relativen Indifferenz, die wir aus der Vorsicht, mit der Investitionen im jeweils anderen Land getätigt werden, vermeinen ableiten zu können, lässt sich vernünftigerweise davon ausgehen, dass sehr viel mehr Bürger als früher aus beiden Ländern als eingewanderte Arbeiter oder Unternehmer, als Handelsdienstleister, Vermittler oder Bankiers mit dem jeweils anderen Wirtschaftssystem interagieren. Auf privatpersönlicher Ebene ist also die Kenntnis der wirtschaftlichen Realität des Partnerlands heute wahrscheinlich detaillierter, umfassender und verbreiteter als je zuvor in der Geschichte beider Länder.

Anders scheint es sich hingegen mit der öffentlichen Wahrnehmung zu verhalten, die in der Regel über die Massenmedien verbreitet, zuweilen von akademischen Kreisen beeinflusst und stark von der Politik geprägt wird. Die hier analysierten Umstände beziehen sich vor allem auf diese Sphäre der (ver)öffentlich(t)en Meinung. Die präsentierten Daten und Eindrücke bieten allerdings keine hinreichende Grundlage für methodisch gesicherte Schlüsse. Abgesehen von einigen vorübergehenden Wellen der Aufmerksamkeit, der Sympathie oder des Tadels lässt sich mit der gebotenen Vorsicht jedoch zunächst feststellen, dass die gegenseitigen Beschreibungen von 1945 bis in die neunziger Jahre hinein ein ungerechtfertigtes Maß an Oberflächlichkeit und Desinteresse aufweisen, wenn man sie mit der Beachtung, die anderen Ländern entgegengebracht wurde, und mit der Bedeutung der Handelsbeziehungen vergleicht. Diese Geringschätzung spiegelt sich nicht zuletzt in der nur schwachen Neigung beider Seiten wider, direkt im anderen Land zu investieren. Nach der überaus engen Verflechtung der beiden Ökonomien in den dreißiger Jahren scheint also seit langem ein vergleichsweise geringeres Interesse gegenüber Wirtschaftsbeziehungen zu bestehen, die über den Handel, die Arbeitsmigration und den Tourismus hinausgehen.

Dann lässt sich auf der Grundlage einer wenn auch nur bruchstückhaften Quellenbasis vermuten, dass dieses Desinteresse nach 1998 unter Umständen sogar noch zugenommen hat und dass diese Entwicklung sowohl auf divergierende Aktionsfelder im Gefolge der Neuordnung Europas als auch auf zunehmende strukturelle und institutionelle Konvergenz zurückzuführen ist. Wenn es also zu einem Nachlassen gegenseitiger Aufmerksamkeit gekommen ist, so ist dies zumindest zum Teil das Ergebnis eines Befriedungs- und Normalisierungsprozesses. Auf keinen Fall scheint das ökonomische Konfliktpotential zwischen den beiden Ländern in den letzten zehn Jahren angewachsen zu sein. Im Vergleich zu den früheren Jahrzehnten sieht es eher so aus, als seien mittlerweile verschiedene offene oder latent wirkende Gegensätze entschärft worden.

Aus dem Italienischen übersetzt von Gerhard Kuck.

Henning Klüver
Stereotype und Perzeptionen
Impressionen eines deutschen Journalisten in Italien

1. Ein Wort zuviel

Die italienischen Zeitungen berichteten im Oktober 2007 über einen deutschen Richter aus Bückeburg bei Hannover, der einen italienischen Staatsbürger zu einer Gefängnisstrafe von sechs Jahren verurteilt hatte. Der Angeklagte, ein 29jähriger Kellner, war schuldig befunden worden, aus Eifersucht seine frühere Verlobte entführt, drei Wochen lang gefangen gehalten und dabei fortwährend geschlagen, gefoltert und sexuell missbraucht zu haben. Der Richter verhängte jedoch nicht die Höchststrafe, sondern ließ mildernde Umstände gelten, weil es sich bei dem Angeklagten um einen Sarden handelte, dessen „kulturelle und ethnische Prägung"[1] man zu berücksichtigen habe. Das Frauenbild, so der Richter, das in der sardischen Heimat des Angeklagten herrsche, könne nicht als Entschuldigung für die Tat gelten, müsse aber als mildernder Umstand herangezogen werden.

Das Urteil, das bereits 2006 gefällt worden war, wurde südlich des Brenner erst ein Jahr später bekannt, als der Verurteilte um seine Verlegung in ein italienisches Gefängnis bat, um dort den Rest der Strafe abzusitzen. Die Reaktion der italienischen Öffentlichkeit auf die Urteilsbegründung reichte von der Empörung angesichts des „blanken Rassismus" bis zum Hinweis, dass die sardische Gesellschaft historisch vom Matriarchat geprägt sei[2]. Ein Staatssekretär (Luigi Manconi) erregte sich über den „differenzierten Rassismus" der deutschen Justiz. Ein Schriftsteller (Marcello Fois) erkannte gar „puren Wahnsinn". Das sei so, als ob ein sardisches Gericht einen deutschen Antisemiten milder behandeln würde, weil er ja in Deutschland aufgewachsen sei. Bei der deutschen Botschaft in Rom standen mehrere Tage lang die Telefone nicht still. Und in vielen Internet-Blogs konnte man eine allgemeine Stimmung spüren, die hier und da knapp zusammengefasst wurde:

---

[1] La Repubblica vom 11.10.2007.
[2] Eine Zusammenfassung der verschiedenen Stimmen in: Sardegna Oggi, 11.10.2007 (www.sardegna.oggi.it).

„Was kann man sich schon von einem deutschen Richter erwarten." Stereotype treten oft spiegelbildlich auf[3]. In diesem Fall nahm die deutsche Öffentlichkeit – von wenigen Ausnahmen abgesehen – den Vorgang aber überhaupt nicht zur Kenntnis. Wollen wir vielleicht gar nicht so viel voneinander wissen, wie wir immer vorgeben?

2. Auf der Einbahnstraße

Viele Deutsche interessieren sich für Italien, aber nur wenige Italiener für Deutschland. Dieses Gefälle dürfte historische Wurzeln haben (eine Bildungsreise nach Rostock war sicherlich weniger ergiebig als eine Fahrt nach Syrakus, und Berlin ist nicht die Wiege des Abendlands), und es lässt sich heute noch (fast) genauso beobachten wie zu Zeiten der Romantik. Angesichts der Einseitigkeit der deutsch-italienischen Beziehungen auf vielen Gebieten fühlt man sich unweigerlich an eine Einbahnstraße erinnert. Das gilt zum Beispiel für die Literatur, auch wenn in den vergangenen Jahren jenseits der Alpen zaghaftes Interesse an deutschsprachigen Autoren wie Julia Franck, Daniel Kehlmann oder Ingo Schulze erwacht ist. Das gilt ebenfalls für die Mode und Küche, aber auch für politische Fragen oder gesellschaftliche Entwicklungen[4]. Während man vom Norden aus kritisch auf den Populismus eines Berlusconi blickt, hält sich das Interesse der italienischen Öffentlichkeit an der politischen Situation in der Bundesrepublik in vergleichsweise engen Grenzen. Kürzlich spielte in der Wahlrechtsdebatte das „deutsche Modell" eine Rolle, das aber in den Medien meist irreführend als reines Verhältniswahlrecht dargestellt wurde. Wissen über Deutschland ist oft nur Halbwissen.

---

[3] Vgl. Roberto Giardina, Anleitung, die Deutschen zu lieben, Berlin 1996; Peter Kammerer/Ekkehart Krippendorff, Reisebuch Italien. Über das Lesen von Landschaften und Städten, Berlin 1990; Henning Klüver, Gebrauchsanweisung Italien, München 2008; Franca Magnani, Mein Italien, Köln 1997; Jens Petersen, Italienbilder, Deutschlandbilder. Gesammelte Aufsätze, Köln 1999; Dietmar Polaczek, Geliebtes Chaos Italien, München/Berlin 1998; Vanna Vannuccini/Francesca Predazzi, Piccolo viaggio nell'anima tedesca, Mailand 2004.

[4] Vor der Implosion des italienischen Parteiensystems Anfang der neunziger Jahre lagen die Verhältnisse etwas anders, wie die Beziehungen zwischen der Union und der *Democrazia Cristiana* sowie zwischen der SPD und dem *Partito Comunista Italiano* belegen. Die Kommunistische Partei Italiens hat noch vor nicht allzu langer Zeit eine starke Faszination auf die Linke in Deutschland ausgeübt. Auch die Beziehungen zwischen der SPD und dem *Partito Socialista Italiano* waren nicht ohne Bedeutung, wie die aktuellen Forschungen von Francesca Traldi am *Istituto Storico italo-germanico* in Trient belegen.

Roberto Giardina, früherer Deutschlandkorrespondent verschiedener italienischer Tageszeitungen wie „La Nazione" hat einmal gesagt: „Was man über Deutschland schreibt, interessiert in Italien niemanden, auch die Kollegen und den Chefredakteur nicht."[5] Und Antonella Romeo bemerkte in ihrem schönen Buch „Deutsche Vita" über ihre Landsleute: „Die Italiener verbinden Deutschland mit Krieg und mit Arbeit"[6], also mit der Vergangenheit, mit der Erfahrung der deutschen Besatzung Italiens und der Arbeitsmigration der fünfziger und sechziger Jahre.

Dass man sich Italien so wenig oder nur partiell für Deutschland interessiert, hat auch kulturelle Gründe. Der französische Einfluss ist heute noch in einem Land dominierend, in dem Napoleon als Befreier begrüßt wurde. Die Verwaltung des jungen italienischen Einheitsstaats wurde nach französischem Modell aufgebaut. Und nach wie vor stellt das Französische für die bürgerliche Führungsschicht die eigentliche Bildungssprache dar. Bis vor kurzem konnte man Paris als die intellektuelle Hauptstadt Italiens bezeichnen, in der italienische Schriftsteller, Filmregisseure, Künstler und Publizisten, die etwas auf sich hielten, eine Zweitwohnung besaßen. Heute hat sich freilich bereits einiges verändert, und dieser Prozess schreitet – wenn auch langsam – weiter fort. Die junge Generation lernt Englisch, blickt neugierig nach New York und fühlt sich außerdem von verwandten kulturellen Modellen wie dem spanischen angezogen.

Deutschland und Italien sind vor allem durch eine Sprachbarriere getrennt. Weiter mag auch ein historisch-politischer Reflex auf die schlechten Erfahrungen mit den verschiedenen Bündnissen mitspielen, wenn deutsche Kulturdebatten im Süden kaum verfolgt werden. Es gibt nur wenig Wissen über die Literaturszene, über den Film, die aktuelle Musik, etwas mehr schon über die Kunst. Wenn aber bereits die Eliten nur punktuell Interesse für Deutschland aufbringen, kann man es von der breiten Öffentlichkeit schon gar nicht erwarten. Bei der Gala des „Bambi", des populärsten Medienpreises Deutschlands, trat im vergangenen Jahr mit Eros Ramazotti natürlich ein italienischer Pop-Star auf. Noch nie ist ein Deutscher als Gast etwa zur der Gala des „David di Donatello", des italienischen Filmpreises, gesehen worden.

Es fällt einem nicht sonderlich informierten Italiener schwer, zwischen den vielen „Deutschen" zu unterscheiden. Hitler ist für

---

[5] Robert Giardina, Papierkrieger mit Scheuklappen, in: Zeitschrift für Kulturaustausch 50 (2000) H. 2, S. 52 f., hier S. 53.
[6] Antonella Romeo, La deutsche Vita, Hamburg 2004. S. 44.

ihn ein Deutscher, Beethoven aber ein Österreicher. Dann sind da noch die deutschsprachigen Schweizer, früher gab es die Bürger der DDR. Und irgendwie sind auch die „Deutschen" im eigenen Lande, die Südtiroler, den Italienern nicht ganz geheuer. Umgekehrt stößt man in Deutschland oft auf Erstaunen, wenn sich nicht alle Italiener als so temperamentvoll und redselig erweisen wie die Neapolitaner. Unbekannt ist den meisten, dass Sardisch eine eigene Sprache ist (genauer gesagt, gibt es sogar drei verschiedene Sprachen auf Sardinien) und dass eine Grazia Deledda 1926 den Literaturnobelpreis erhalten hat. Und wer sich in Wirtschaftsbeziehungen nicht auskennt, nimmt verwundert zur Kenntnis, dass eine Region wie die Lombardei pro Kopf produktiver und reicher ist als jedes deutsche Bundesland. Kurz: Die Deutschen können nicht verstehen, dass das chaotische Italien ökonomisch eine Macht ist und an einem G8-Gipfel teilnehmen darf. Und die Italiener können nicht verstehen, dass auch das geordnete Deutschland Wein, Weib und Gesang im eigenen Land hat, wie mein Freund Stefan sagt. Apropos Wein: In Italien ist es kaum möglich, deutschen Wein zu kaufen, in Deutschland biegen sich dagegen die Regale unter der Last der Flaschen aus Italien. Daher muss man die These, man würde den Nachbarn nördlich der Alpen kaum beachten, zumindest relativieren: es gibt eine Gruppe von Italienern, die sich für Deutschland interessiert als – Absatzmarkt!

Wenn man Roberto Saviano, dem Autor eines Buches über die Camorra, glauben mag, dann gibt es seit dem Fall der Mauer sogar beunruhigende Aktivitäten von italienischen Mafiagruppen in Ostdeutschland[7]. Diese Aussage und ein Mordanschlag der kalabresischen Mafia in Duisburg hatten aber in der deutschen Öffentlichkeit im August 2007 nur ganz kurz Ängste aufflackern lassen, dass das eigene Land nun vom organisierten Verbrechen italienischer Prägung unterwandert werden könnte. Kurz darauf ging man wieder zur Tagesordnung über. Dass Italien und Mafia in einem Atemzug zu nennen seien, ist in Deutschland sowieso ein verbreitetes Stereotyp.

---

[7] Vgl. das Interview in der Süddeutschen Zeitung vom 20.8.2007, und Roberto Saviano, Gomorrha. Reise ins Reich der Camorra, München 2007.

3. Dauerhafter als ein Diamant?

Sich über Stereotype zu äußern, ist gefährlich. Schnell wiederholt man Bekanntes, vereinfacht, generalisiert. Ein Volk von Individualisten könne man nicht auf einen Nenner bringen, heißt es bei Antonella Romeo. Aber das gilt natürlich entsprechend auch für Deutsche. Und daher gibt es den sandalentragenden italienischen Touristen in Heidelberg ebenso wie den chaotischen deutschen Universitätsprofessor in Urbino.

Als Deutscher reagiert man in Italien immer etwas unsicher, wenn man mit der Geschichte des antifaschistischen Widerstands konfrontiert wird (der als bewaffneter Kampf eigentlich erst durch die deutsche Besetzung des Landes ausgelöst wurde) und dann vom nächsten Gesprächspartner mit Lobeshymnen über das deutsche Militär überhäuft wird. Und man fällt selbst leicht auf die Gemeinplätze zurück, die man vorgibt zu kritisieren. Deutsche und Italiener würden sich seit zweitausend Jahren so gut kennen, so Luigi Vittorio Graf Ferraris, dass sie sich zuweilen „gegenseitig verkennen"[8]. Die „battuta", das Bonmot, lebt, zumal wenn es aus dem Zusammenhang gerissen wird, in gefährlicher Nähe zum Stereotyp. Je näher wir uns kommen, desto stärker verkennen wir uns?

Umgekehrt wird ein Schuh daraus: „Je stärker wir uns trennen, desto besser verstehen wir uns." Das war die Losung der Südtiroler Kulturpolitik in den siebziger und achtziger Jahren für den Umgang mit der italienischen Minderheit in der Provinz Bozen. Das war eine Politik, die sich von einem stereotypischen Menschenbild leiten ließ, das bereits in Mayers Konversationslexikon von 1846 formuliert wurde: „Der Deutsche und der Italiener divergieren in ihrem Charakter so sehr, dass beide gleichsam die Pole der westeuropäischen Menschheit bilden."

Aber half nicht gerade in Südtirol diese zum größten Teil diffus geprägte Ablehnung alles Italienischen, die mit der Angst vor der Assimilierung in Sprache und Kultur begründet wurde, die Identität der deutschsprachigen Bevölkerung friedlich zu bewahren? Das Beispiel Südtirol ist auch deshalb interessant, weil es die deutschitalienischen Wahrnehmungen umdreht. Während man gewöhnlich von Italien aus durchaus skeptisch auf das wirtschaftlich (und früher militärisch) mächtige Deutschland schaut, blickt man von Bozen aus immer noch skeptisch auf das starke Rom. Während man sich von Deutschland aus begeistert bis naiv der italienischer Kultur

---

[8] Luigi Vittorio Graf Ferraris, Wenn schon, denn schon – aber ohne Hysterie. An meine deutschen Freunde, München 1988, S. 141.

zuwendet, wendet man sich in breiten Kreisen Südtirols von ihr ab. Und während sich die deutschsprachige Öffentlichkeit kaum für Südtirol interessiert, sucht Südtirol nach deutschen Vorbildern. Die Südtiroler Volkspartei hat sich nicht umsonst an der bayerischen CSU orientiert.

Seitdem die Südtirolfrage national durch das Autonomiestatut und international durch den Prozess der europäischen Einigung weitgehend geklärt scheint, hat der politische Zündstoff, der sich aus groben Verallgemeinerungen und verzerrten Sehweisen ergeben und zu ernsten Spannungen zwischen Teilen beider Sprachgruppen geführt hatte, viel von seiner Brisanz verloren. Wer jedoch zwischen Salurn und Brenner reist, wird in Privatgesprächen immer wieder alte Vorurteile zu hören bekommen. Auf beiden Seiten – und gerade bei Jugendlichen mit einfacher Schulbildung, welche die Stereotype scheinbar bruchlos übernehmen.

4. Erfahrung versus Vorschrift

Nichts ist befriedigender, als Vorurteile bestätigt zu finden. In Italien trifft man besonders in der Verwaltung auf eine gewisse Nachlässigkeit. Wenn zum Beispiel ein Verkehrsschild mit dem Hinweis auf die nächste Ortschaft in die falsche Richtung zeigt (weil es falsch aufgestellt oder verdreht wurde), wird das nicht sofort korrigiert und in der Regel noch nicht einmal angezeigt. Der italienische Bürger fährt sowieso den Weg, den er für richtig hält (was nicht selten ein Umweg ist). Und wenn er einmal falsch gefahren ist, wird er das beim nächsten Mal nicht mehr tun. Die eigene Erfahrung zählt südlich der Alpen deutlich mehr als die Vorschrift. Und für die Verwaltung gilt: eher stellt man ein neues Schild auf, als dass man das alte abbaut. Der Bürger ist zufrieden, begrüßt das neue Schild wie eine Bestätigung seiner Erfahrung und nickt dem alten lächelnd zu, das doch ein Zeuge seiner Überlegenheit ist.

Fremdlinge, zumal wenn sie aus dem nördlichen Ausland kommen, können solche Zustände in heillose Verwirrung stürzen. Sie haben in der Regel gelernt, einer Vorschrift mehr zu trauen als ihrer eigenen Erfahrung. Warum in aller Welt sind die Italiener nicht in der Lage, ihre Verkehrsschilder richtig aufzustellen? Der Ortskundige braucht kein Verkehrsschild. Der Fremde, der sich nicht auskennt, muss ihnen vertrauen. Natürlich denken diese individualistischen Italiener nur an sich und nicht an den Fremden. Typisch! Der Schweizer Schriftsteller Dieter Bachmann hat mit dem deutschen Soziologen Peter Kammerer, der in Urbino wohnt, ein Interview geführt und von der Hinfahrt berichtet: „Ich war verspätet. Auf dem Herweg war ich einem Schild nach Urbino gefolgt, das, wie ich eigentlich wusste, in die falsche Richtung wies. Ich war ihm gefolgt, weil es da war und weil wir es gewohnt sind, einem Straßenschild zu vertrauen."[9] Typisch! Weiter heißt es in diesem Interview:

B.: Da musst du mir nun mal erklären, warum auch die kleinsten Dinge, die einfachsten, ich sage mal: Abfalltrennung. Dieser winzig kleine Schritt von einem verspäteten Zug zu einem fahrplanmäßigen Zug, von einer in den Müll geworfenen Batterie zu einer entsorgten Batterie – warum ums Verrecken nicht? Ich versteh's nicht.

K.: Kann man auch nicht verstehen. Der schönste Ort von Neapel, von dem man einen herrlichen Blick auf den Golf hat, auf Capo Miseno, ist ein Ort, wo nur Damenbinden, Präservative, Plastikflaschen, Widerlichkeiten aller Art liegen. Ich frage mich: was hat diese Menschen bewogen, ausgerechnet am schönsten Ort diesen Schmutz zu hinterlassen? Was? Ich habe keine eindeutige Antwort. Ich habe bei Goethe nachgelesen, der beschreibt, wie vernünftig die Neapolitaner mit dem Abfall umgehen. Er sagt, die Erde ist so fruchtbar, dass sie den Abfall nur von einem Ort wegtragen und woanders hintun, und schon sprießt dort der schönste Garten. Dass es einen Abfall gibt, der nicht fruchtbar ist, wenn du diese Neuigkeit der Moderne nicht in deinem bäuerlichen Kopf hast ...

B.: Eine liebevolle Erklärung. Ich glaube, dass es für den Italiener, die Verallgemeinerung ist mir bewusst, den Anderen nicht gibt. Und zwar im praktischen und im philosophischen Sinn. Der Italiener ist sich selbst genug, wie es das bei Ibsen von den Trollen heißt, „Troll!, sei dir selbst genug!" Wenn ich drei Parkplätze vorfinde, stelle ich mein Auto über drei Parkplätze, wenn mich ein Müllsack ärgert, schmeiße ich ihn aus dem Auto, wenn ich auf der Autobahn fahre, überhole ich rechts, wenn ich in einem Laden bin und es warten schon drei Leute, schreie ich über die wartenden drei meine Wünsche hinüber, wenn ich in die Bar komme, brülle ich vom Eingang her meinen Sonderwunsch. Meine Verblüffung: es funktioniert sogar. Es entsteht dann dieses Chaos, wo jeder einmal drangekommen sein wird."

Wer nicht im Land des anderen lebt, lernt vor allem dessen Produkte und Kulturgüter kennen. Die Italiener schwärmen von deutschen Kühlschränken, Waschmaschinen und Staubsaugern (und

---

[9] Dieter Bachmann, Die Vorzüge der Halbinsel. Auf der Suche nach Italien. Ein erzählerischer Essay, Hamburg 2008; zitiert wurde nach dem Manuskript.

verkennen, dass diese wie ihre eigenen Geräte im Fernen Osten zumindest vorgefertigt werden). Die Deutschen lieben die Mode, das Design und vor allem die Küche der Italiener. Und ihre Oper. Aber keine Frage, auch hier gilt: italienische Produkte sind in der Wahrnehmung in Deutschland präsenter als deutsche in Italien. Deshalb hat der Fall der Mauer jedenfalls in der Wechselwirkung der Stereotype, die in der Regel auf langen historischen Wellen beruhen, kaum Veränderungen bewirkt. Die Ostdeutschen haben den Gardasee und die Adria-Küste entdeckt (nachdem die Westdeutschen zu anderen Stränden weitergewandert waren) und so das erste Reiseerlebnis der gelernten Bundesbürger verspätet nachgeholt. Und die Italiener reisen – von den Klassikern Berlin und München abgesehen – so wenig (oder so viel) in den deutschen Osten wie in den deutschen Westen. Das Deutschlandbild hat sich in breiten Kreisen Italiens seit der Wiedervereinigung nicht sonderlich gewandelt, zumal die Erzeugnisse und Warengruppen, die aus Deutschland nach Italien fließen, mehr oder weniger dieselben geblieben sind. Für die Italiener ist Deutschland nur größer geworden – nicht anders.

Das Italienbild der deutschen Öffentlichkeit wurde dagegen in den neunziger Jahren sichtlich positiver. Diese Entwicklung zeigt sich besonders in der Werbung, die wiederum kräftig mit Stereotypen arbeitet. Fertigprodukte für die schnelle Küche müssen italienisch klingen: In „Miracoli" oder „Nescafé-Cappuccino" ist zwar wenig Italien enthalten, aber viel italienisches *Feeling*. Die Lebensmittelabteilung eines großen Kaufhauses heißt „Perfetto"; beim Bäcker wird Ciabatta-Brot (aus deutschem Mehl) angeboten, statt mit Rabatt wird mancherorts mit „Rabatti" gelockt, und dann ist alles „paletti". Über die Produkte werden in Werbespots Italiener selbst zu Sympathieträgern, vom singenden Koch und Pizzabäcker bis zum auf die Trapattoni-Art Deutsch radebrechenden Nachbarn. Es gehört zu den vielen Einbahnstraßenbeziehungen zwischen Deutschland und Italien, dass es in Italien einen ähnlich stereotypen Umgang mit Deutschen nicht gibt.

Italiener, so kann man manchmal den Verdacht haben, sind uns Deutschen sympathisch, weil man sich ihnen insgeheim ein bisschen überlegen fühlen kann. Sie sind wie die Kinder, fröhlich, heiter, unbeschwert – und wenn es ernst wird, müssen wir (deutsche) Erwachsene es richten. Aber wehe, wenn die Kinder groß, gar Konkurrenten werden. Dann kann sogar so etwas wie ein Kulturkampf entbrennen. Zum Beispiel beim Volkskulturgut Fußball. Italienische Fußballkunst, Raumbeherrschung, Kurzpassspiel, das individuelle Dribbling zählen im Deutschen nicht viel, wo man viele

Tore, Kampf und Schnelligkeit bewundert. Geradezu mit Verachtung blickt man auf die Catenaccio-Mentalität des überlegten Spiels aus der Verteidigung und registriert gelangweilt die 1:0-Zufriedenheit der Italiener. Die Italiener empfinden wiederum die Kantersieg-Mentalität der Deutschen als anmaßend. Auch auf dem Spielfeld muss man den Gegner nicht überrollen, nicht demütigen. Es genügt, ihn spielerisch zu beherrschen. Und ein 0:0 kann ebenso befriedigen wie ein 3:3. Italiener denken sehr viel effizienter, als träumerisch veranlagte Deutsche glauben.

Der Firnis, der über den angeblich begrabenen Stereotypen liegt, ist dünn und brüchig, wie verschiedene Vorfälle aus den letzten Jahren – nicht zuletzt im Umfeld der Fußballweltmeisterschaft 2006, man denke nur an die unsägliche Kolumne von „Achim Achilles" in „Spiegel-online"[10] – wiederholt bewiesen haben. Nichtsdestotrotz verringert das Goethe-Institut Schritt für Schritt seine Präsenz in Italien (einzelne Institute sind zum Leidwesen ihrer Direktoren zur Unkenntlichkeit geschrumpft) mit der Begründung, dass es angeblich keine Probleme mehr im deutsch-italienischen Kulturaustausch gibt.

5. Urteil und Vorurteil

Ohne Vorurteile kann man nicht urteilen – man muss die Vorurteile nur laufend überprüfen, anpassen, verändern und manchmal sogar ganz revidieren. Das ist zugegebenermaßen ein Gemeinplatz. Doch deshalb sollte man Stereotype, statt sie wegzuargumentieren (Jugendliche reisen vorurteilsfrei, Wissenschaftler tauschen sich auf allen Ebenen aus, der Wirtschaftsaustausch wächst), für eine fruchtbare Diskussion nutzen, wie das zum Beispiel Dieter Bachmann und Peter Kammerer in ihrem Gespräch versuchten. Stereotype schafft man nicht ab, indem man sie verdeckt, sondern indem man ihre giftigen Wurzeln ausreißt.

Wenn man einem Deutschen raten soll, was er lesen könnte, um seine Vorurteile gegenüber Italien und den Italienern zu überprüfen, kann man ihm vielleicht den von Klaus Wagenbach herausgegebenen Sammelband „Mein Italien, kreuz und quer" mit Texten (mehr oder weniger) zeitgenössischer italienischer Autoren emp-

---

[10] Vgl. Spiegel-online vom 27.6.2006: „Eingeölt und angeschmiert". Nach heftigen Reaktionen aus Italien verschwand der Text, in dem der italienische Mann als parasitäres Mamakind beschrieben wurde, von der Homepage; http://www.politicagermania.net/wp-content/uploads/2006/06/druckversione_achilles_spezial.pdf

fehlen[11]. Es spricht für die These von der nach wie vor bestehenden Einbahnstraße, dass es in Italien – Geisterfahrer ausgenommen – eine vergleichbare Sammlung („Mein Deutschland, kreuz und quer") von Texten deutscher Autoren, herausgegeben von einem Italiener, nicht gibt.

---

[11] Klaus Wagenbach (Hrsg), Mein Italien, kreuz und quer, Berlin 2004.

Elena Agazzi
Die Germanistik in Italien nach 1989

1. Im Umbruch

Gibt es auch in der Germanistik eine wachsende Indifferenz deutscher und italienischer Forscher gegenüber dem jeweils anderen Land? Fügt sich das Fach damit in die seit den neunziger Jahren gewandelten deutsch-italienischen Kulturbeziehungen ein? Die Beantwortung dieser Fragen wirft einige Probleme auf. Im Folgenden werde ich deshalb zunächst das Selbstverständnis des Fachs skizzieren, Inhalte und Organisationsformen beschreiben sowie Leistungen und Defizite der Forschung benennen. Vor diesem Hintergrund versuche ich dann zu klären, ob das deutsch-italienische Verhältnis in der Germanistik eher durch Nähe oder Distanz gekennzeichnet ist.

Die Schwierigkeiten beginnen bereits mit dem komplexen Charakter und der Funktion der Disziplin, sieht sich der Germanist des 21. Jahrhunderts doch einem sehr ausdifferenzierten Fach gegenüber, das sich aus mehreren Wissensgebieten zusammensetzt: Zum traditionellen Kanon, der aus Sprach- und Literaturgeschichte, Linguistik und Philologie besteht, gesellen sich heute auch in Italien Didaktik (etwa Deutsch als Fremdsprache), allgemeine und vergleichende Literaturwissenschaft, Medienwissenschaften sowie Kulturwissenschaften beziehungsweise Kulturgeschichte. Hinzu kommt, dass deutsche Sprache und Literatur nicht mehr wie früher gemeinsam unterrichtet werden, sondern dass sich Dozenten heute für eines der beiden Fächer entscheiden können. Das hat unterschiedliche Auswirkungen auf die Internationalisierung der italienischen Germanistik. So haben sich die Sprachwissenschaftler viel stärker gegenüber der *scientific community* Europas geöffnet; sie veröffentlichen ihre Beiträge überwiegend in Deutsch oder Englisch[1]. Die Literaturwissenschaftler (wie übrigens auch die italie-

---

[1] Vgl. die 2004 begründeten und von Claudio Di Meola betreuten „Italienischen Studien zur deutschen Sprache"; die Reihe beinhaltet auch Monographien und Tagungsbände. Zudem besteht der ebenfalls von Di Meola in Zusammenarbeit mit Margrit Wetter ins Leben gerufene (http://dswi.org/ALISA/index.php) „Arbeitskreis Linguistik Sapienza". In Bergamo organisiert das Studienzentrum CERLIS alle zwei Jahre eine internationale Konferenz der Sprachwissenschaftler (http://dinamico.unibg.it/cerlis/page.aspx?p=99).

nischen Historiker und Philosophen) publizieren dagegen nach wie vor primär auf Italienisch. Ihre Beiträge werden deshalb international nur wenig zu Kenntnis genommen. Das heißt aber nicht, dass sich seit der Wiedervereinigung nicht zahlreiche Berührungspunkte zwischen den beiden Kulturen ergeben hätten, wie Gustavo Corni festgestellt hat[2]. Als Diskussionsforen sind in diesem Zusammenhang nicht nur die Zeitschriften „Micromega" und „Il Mulino" zu nennen. Auch viele andere Publikationen, welche die jüngsten Umbrüche der deutschen Gesellschaft mit einer Mischung aus Sorge und Optimismus bewerten, haben ihren Beitrag geleistet.

Die sprachwissenschaftlich ausgerichtete Germanistik hat ebenfalls nicht gezögert, den kulturellen und wissenschaftlichen Austausch zwischen den beiden Staaten zu intensivieren. Sie wendet ihr Interesse inzwischen verstärkt der zeitgenössischen deutschen Literatur und Lyrik sowie dem Kino zu[3]. Aufbauend auf einer kleineren Vorläuferorganisation wurde 1998 die *Associazione italiana della Germanistica* gegründet, die sich das Ziel gesetzt hat, die Kontakte zu Universitäten und Standesvertretungen in anderen Ländern zu intensivieren, über die Forschung in Italien zu informieren und regelmäßig wissenschaftliche Veranstaltungen auszurichten. Diese Initiative hat der Literatur- und der Sprachwissenschaft als den beiden wichtigsten Teildisziplinen des Fachs größere öffentliche Aufmerksamkeit verschafft; ausländische Germanisten sind nun viel besser über Veranstaltungen in Italien unterrichtet als früher.

---

[2] Vgl. Gustavo Corni, Il modello tedesco visto dall'Italia, in: Agostino Giovagnoli/Giorgio Del Zanna (Hrsg.), Il mondo visto dall'Italia, Mailand 2004, S. 34–54.

[3] Vgl. z.B. Anna Chiarloni/Riccardo Morello (Hrsg.), Poesia tedesca contemporanea. Interpretazioni, Alessandria 1996; Anna Chiarloni (Hrsg.), La prosa della riunificazione. Il romanzo in lingua tedesca dopo il 1989, Alessandria 2002; Fabrizio Cambi/Alessandro Fambrini (Hrsg.), Zehn Jahre nachher. Poetische Identität und Geschichte in der deutschen Literatur nach der Vereinigung, Trient 2002; Maurizio Pirro/Marcella Costa/Stefania Sbarra (Hrsg.), Le storie sono finite e io sono libero. Sviluppi recenti nella poesia di lingua tedesca, Neapel 2003; Elena Agazzi, La memoria ritrovata. Tre generazioni di scrittori tedeschi e la coscienza inquieta di fine Novecento, Mailand 2003 (Übersetzung ins Deutsche 2005); Matteo Galli (Hrsg.), Da Caligari a Good Bye, Lenin! Storia e cinema in Germania, Florenz 2004; Rita Calabrese (Hrsg.), Dopo la Shoah. Nuove identità ebraiche nella letteratura, Pisa 2005; Raul Calzoni, Walter Kempowski, W.G. Sebald e il tabù della memoria collettiva tedesca, Pasian di Prato 2005; Maurizio Pirro (Hrsg.), Ex Oriente Picaro. L'opera di Günter Grass, Mailand 2006; Cesare Giacobazzi, Voci e silenzi della storia. Percorsi di letteratura in „Il mio secolo" di Günter Grass, Neapel 2006; Elena Agazzi, La grammatica del silenzio di W.G. Sebald, Rom 2007.

Das dritte Problem besteht für den an der deutschen Kultur interessierten Sprachwissenschaftler in einem fortschreitenden Mangel an Nachwuchskräften; junge Wissenschaftler bekommen immer seltener Stellen in der Forschung angeboten. Dabei muss man sich ins Gedächtnis rufen, dass es eben die Jüngeren sind, die die meiste Zeit für Auslandsstudien aufbringen können. Dies hat auch Rückwirkungen auf den Wissenschaftsaustausch; italienische Gelehrte können nicht mehr so häufig an Konferenzen und Seminaren im Ausland teilnehmen. Daran ändert auch die Tatsache nichts, dass nach dem Fall der Mauer neue Lehrstühle für deutsche Sprache und Literatur entstanden; so wurden an der Universität Rom 1990 immerhin 14 Professuren für deutsche Literatur ausgeschrieben. Überlagert wurde diese Entwicklung aber – in Italien wie in anderen Ländern – durch den Boom der Anglistik und Hispanistik in den neunziger Jahren. Auch die lange vernachlässigte Romanistik erlebte nun eine Renaissance. Erschwerend kam hinzu, dass die Regierung Berlusconi zwischen 2001 und 2006 ihre Bemühungen um größere wirtschaftliche Wettbewerbsfähigkeit durch ein Programm flankierte, das nicht nur die Fächer Informatik und Betriebswirtschaft, sondern auch Englisch als Geschäftssprache massiv förderte. Schließlich sorgte eine Universitätsreform dafür, dass an vielen Hochschulen die Zahl der Prüfungen deutlich erhöht wurde. Studienanfänger haben nun weniger Zeit, komplexere Sprachen wie Deutsch oder Russisch zu erlernen. Während auch die Sprachenschulen der Reform Rechnung trugen und ihr Angebot in Englisch und Spanisch ausbauten, lässt sich für das Fach Deutsch insgesamt eher Stagnation konstatieren.

2. Institutionen und Foren des Austausches

Parallel dazu verstärkte das Goethe-Institut vor dem Hintergrund der EU-Erweiterung sein Engagement in Osteuropa. Zwar blieben in Italien alle sieben Institute erhalten, aber das Angebot – nicht zuletzt an Sprachkursen – wurde reduziert. In Mailand ist vor einiger Zeit sogar die Bibliothek des Goethe-Instituts aufgelöst worden. Die Goethe-Institute haben andererseits den deutsch-italienischen Beziehungen immer wieder wichtige Impulse gegeben[1], wobei in unserem Zusammenhang vor allem die Bemühungen um die Übersetzung deutscher Texte ins Italienische zu nennen sind; mittlerweile ist sogar ein Übersetzerpreis ausgesetzt worden.

---

[1] Vgl. hierzu den Beitrag von Susanne Höhn in diesem Band.

1990 veröffentlichte die *Associazione italo-tedesca Villa Vigoni* in Loveno di Menaggio am Comer See ein Deutsch-Italienisches Handbuch über die gegenseitigen Kontakte. Ziel war es, die Beziehungen und den Austausch insgesamt zu erfassen, und zwar in den Bereichen Politik, Wirtschaft, Publizistik und Medien, Forschung und Lehre sowie Kultur. Ein vergleichender Blick auf die finanziellen Zuwendungen, die beiden Staaten Künstlern und Schriftstellern für Aufenthalte im Nachbarland zukommen lassen, zeigt, dass sich Deutschland hier weitaus stärker engagiert als Italien. Dieser höchst bedauernswerte Umstand ist seit langem bekannt. Der nationale italienische Wissenschaftsverbund *Centro Nazionale della Ricerca* begünstigt seit Jahren die Naturwissenschaften und verursacht damit ein auch für die Germanistik schädliches Ungleichgewicht zwischen Deutschland und Italien.

An den Universitäten konnten die Forscher besonders im Bereich der Germanistik immer auf die Hilfe deutscher Institutionen zählen. Man denke nur an den wichtigen Beitrag der Deutschen Forschungsgemeinschaft für die Arbeit der Villa Vigoni mit ihren zahlreichen Veranstaltungen. Besonders zu erwähnen sind hier die deutsch-italienisch-französischen Forschungskonferenzen[5], die auf italienischer Seite von der Villa Vigoni und auf französischer Seite von der *Maison des Sciences de l'Homme* getragen werden. Mit der Zeit hat sich damit die Funktion der Villa Vigoni stark gewandelt: Bot sie früher lediglich ein Forum für bilaterale Forschungsinitiativen, fördert sie nun den wissenschaftlichen Austausch aktiv. Auch die Alexander von Humboldt-Stiftung hat sich in besonderem Maß um die Beziehungen zu Italien verdient gemacht: Sie gründete das ebenfalls in der Villa Vigoni ansässige Humboldt-Kolleg, das regelmäßig zu Diskussionen über geistes- und naturwissenschaftliche Themen einlädt.

Der Deutsche Akademische Austauschdienst (DAAD) hingegen unterstützt fortgeschrittene italienische Studenten der Germanistik, die mit Hilfe von Forschungsstipendien ihren Diplom- oder Magisterabschluss in Deutschland vorbereiten können. Der DAAD hat vor kurzem das sogenannte Vigoni-Projekt gestartet, das Partnerschaften zwischen deutschen und italienischen Universitäten vor-

---

[5] Auch die italienischen, deutschen und französischen Direktivkomitees der *Società di Studi del XVIII secolo* haben ihre Zusammenarbeit verstärkt und organisieren im Wechsel wissenschaftliche Treffen. Die Zusammenarbeit umfasst die Fächer Geschichte, Literatur, Philosophie sowie die Geschichte des wissenschaftlichen Denkens.

sieht[6]. In diesem Rahmen sollen jeweils zweijährige Forschungsprojekte nach zuvor genau festgelegten Programmen bearbeitet werden. Inzwischen sind wir im deutsch-italienischen Kulturaustausch an einem Punkt angekommen, an dem wichtige Initiativen immer mehr von Universitätsdozenten ausgehen. Diese wissen nur zu gut, wie notwendig es ist, sich in den Bereichen Didaktik und Forschung zu organisieren und internationale Netzwerke zu bilden. So haben die Universitäten von Florenz und Bonn 1995 damit begonnen, parallele deutsch-italienische Studiengänge aufzubauen[7]. Diese bis heute bestehende Einrichtung hat inzwischen an anderen Universitäten Nachahmer gefunden[8]. Neben Trient wurde auch in Udine ein solcher Studiengang eingerichtet, durch den die italienische Germanistik stärker mit dem österreichischen Sprachraum verbunden werden soll. Die Initiative hat sich schon jetzt ausgezahlt: Die Studiengänge sind karrierefördernd, weil sie Studenten und Forschern einen doppelten Studienabschluss ermöglichen und zugleich die Chance bieten, ihre Fremdsprachkenntnisse zu vertiefen.

In den letzten Jahren zeichnen sich deutliche Veränderungen bei den germanistischen Publikationen ab. Das betrifft zumindest die Didaktik für deutsche Sprache und Literatur. So sind bei kleineren und mittelgroßen Verlagshäusern neue Reihen entstanden. Der Verlag Carocci beispielsweise organisiert Handbücher, die in die unterschiedlichen Epochen der deutschen Literatur einführen und zugleich auf die dreijährigen Studienprogramme im Fach Germanistik abgestimmt sind. Zu erwähnen sind hier insbesondere „Letteratura tedesca: secoli ed epoche" von Luca Crescenzi[9], „L'età di Goethe" von Michele Cometa sowie „L'età del Realismo" von Alessandro Fambrini. Crescenzi gibt dabei auch einen Überblick über alle Publikationen zur deutschen Literaturgeschichte, die seit Ladislao Mittners Standardwerk (erschienen zwischen 1964 und

---

[6] Der Name kommt allein daher, dass in der Villa Vigoni das entsprechende Abkommen zwischen dem DAAD, dem Deutsch-Italienischen Hochschulzentrum und den Vertretern der italienischen Rektorenkonferenz unterzeichnet wurde. Eine institutionelle Verbindung zur Villa besteht hingegen nicht.
[7] Vgl. hierzu: www.uni-bonn.de/Studium/Studiengaenge_und_Abschluesse.html.
[8] Allerdings nur in begrenztem Umfang, was unter anderem daran liegt, dass auch in Deutschland das Studium der Romanistik eng mit der Kultur und Sprache Italiens verbunden ist und diese wiederum als Fach erheblich an Bedeutung verloren hat.
[9] Vgl. Luca Crescenzi, Letteratura tedesca: secoli ed epoche, Rom 2005, S. 106f.

1977) in Italien publiziert wurden. Er nennt in diesem Zusammenhang die von Marino Freschi herausgegebene „Storia della civiltà letteraria tedesca" (zwei Bände, Turin 1998) und die von Michael Dallapiazza und Ulrike Kindl publizierte dreibändige „Storia della letteratura tedesca" (Rom/Bari 2001). Noch nicht abgeschlossen ist hingegen die „Storia della letteratura tedesca moderna", mit der Paolo Chiarini vor einiger Zeit begonnen hat. Erschienen ist bislang der erste Band „La nascita della letteratura tedesca. Dall'Umanesimo agli albori dell'Illuminismo", für den Emilio Bonfatti und Anna Morisi verantwortlich zeichnen (Rom 1995). Dem 19. Jahrhundert widmet sich der umfangreiche Band von Enrico De Angelis, „L'Ottocento letterario tedesco"[10]. Im Februar 2008 ist schließlich die Publikation „La letteratura tedesca" von Marino Freschi erschienen, der einen weiten Bogen von den Anfängen bis zur Wiedervereinigung schlägt[11].

Der deutschen Essayistik haben sich vor allem die Reihen „Proteo" des Artemide-Verlags in Rom oder „Le carte tedesche" des Verlagshauses Campanotto angenommen, die zu Beginn der neunziger Jahre von Giorgio Cusatelli und Gert Mattenklott ins Leben gerufen wurden. Ferner ist insbesondere auf die Reihe „Elfi" zu verweisen, die von Maria Fancelli im Verlag Marsilio herausgeben wird. „Elfi" umfasst Klassiker der deutschen Literatur, die von italienischen Germanisten übersetzt und in einer deutsch-italienischen Fassung herausgegeben werden. Auch in einigen Universitäten wie in Pisa wurden Reihen ins Leben gerufen, die Übersetzungen von Klassikern der deutschen Literatur aus dem 18. und 19. Jahrhundert anbieten, die entweder in Italien keine Neuauflage erlebt haben oder nie gedruckt worden sind.

Im Rahmen ihrer Hochschulautonomie konnten die italienischen Universitäten nicht nur ihre Bemühungen um eine Internationalisierung der Studiengänge verstärken, sondern über das Erasmus-Austauschprogramm auch das Ausbildungsangebot verbessern. Zugleich hat man – um die vor Ort geleistete Forschungsarbeit stärker publik zu machen – neue Zeitschriften ins Leben gerufen, die sich der Literatur und Literaturinterpretation widmen, Platz für Reflexionen über den kulturellen Wandel in Europa bieten oder über die Verbreitung deutscher Kultur berichten. Diese Zeitschriften eröffnen den verschiedenen Forschungseinrichtungen ein Forum des Dialogs und fördern in zunehmendem Maße komparative Ansätze. Neben den traditionsreichen Organen des Fachs

---

[10] Monographischer Sonderband von Jacques e i suoi quaderni 34-35 (2000).
[11] Vgl. Marino Freschi, La letteratura tedesca, Bologna 2008.

wie „Studi Germanici", „Cultura tedesca", „Studia theodisca" und „Annali – Sezione Germanica N.S." sind in den letzten Jahren Zeitschriften wie etwa „LINKS" und das „Osservatorio Critico della Germanistica" entstanden. „LINKS" zeichnet sich durch eine mehr politisch-philosophische sowie kulturwissenschaftliche Ausrichtung aus, während das „Osservatorio" vor allem Rezensionen von Monographien und Sammelbänden italienischer Germanisten zur Literatur und Kultur Deutschlands, Österreichs und der Schweiz publiziert. Darüber hinaus berichtet das „Osservatorio" über neue Forschungstendenzen, druckt die Inhaltsverzeichnisse anderer Fachzeitschriften ab und macht auf neue Übersetzungen aus dem Deutschen aufmerksam.

Sparvorgaben aus der Politik haben in den letzten Jahren dazu geführt, dass gemischte Doktorandenkollegs eingerichtet wurden, in denen verschiedene Fächer aus dem Bereich Literatur- und Kulturwissenschaften zusammengefasst werden. Kollegs, die nur aus Doktoranden der Germanistik bestehen, sind deswegen fast verschwunden. Um dieser Entwicklung entgegenzuwirken und für junge Wissenschafter eine öffentliche Plattform zu schaffen, hat der derzeitige Präsident des Verband der Germanisten Italiens, Enrico De Angelis, vor zwei Jahren einen Workshop ins Leben gerufen, der Doktoranden einmal im Jahr die Möglichkeit bietet, ihre Arbeiten vorzustellen und Methodenfragen zu diskutieren. Die Ergebnisse werden in Tagungsbänden dokumentiert, so dass man sich einen schnellen und umfassenden Überblick über laufende Forschungsprojekte verschaffen kann[12]. Nicht zu vergessen ist auch die Einrichtung einer deutsch-italienischen *Summer School* in der Villa Vigoni, an der eine begrenzte Zahl von Germanisten und Doktoranden aus beiden Ländern teilnimmt; neuerdings tragen dort auch Studierende aus Masterstudiengängen vor[13].

Natürlich können in diesem Rahmen nicht alle wichtigen Einrichtungen, die sich um die Weiterentwicklung der internationalen Wissenschaftskontakte bemühen, ausführlich berücksichtigt werden. Hierzu zählen vor allem außeruniversitäre Wissenschafts- und Forschungseinrichtungen, die auf lokaler oder regionaler Ebene

---

[12] Vgl. Enrico De Angelis (Hrsg.), La giovane germanistica italiana. Pisa 25–26 settembre 2006, Pisa 2006 (Jacques e i suoi quaderni 46/2006).
[13] In Italien kann nur promovieren, wer zuvor an einer Auswahlprüfung teilgenommen hat. Die Lehrstühle vergeben im Schnitt zwei Stipendien pro Jahr und stellen zudem in begrenztem Umfang Doktorandenstellen ohne Finanzierung bereit. Die Stipendien laufen in der Regel drei Jahre. Das Thema der Arbeit wird zuvor mit einer Kommission abgestimmt, der Doktorand von einem oder zwei Dozenten betreut.

zur Förderung der bilateralen Beziehungen beitragen. Zu nennen sind hier die Goethe-Institute sowie das Deutsch-Italienische Hochschulzentrum (Bonn und Trient) und das *Istituto Trentino di Cultura*, das sich allerdings überwiegend mit Geschichte und Politik befasst. Hinzu kommen traditionsreiche Einrichtungen wie das 1829 gegründete Deutsche Archäologische Institut in Rom, die 1912 eröffnete Biblioteca Hertziana, die Villa Massimo, die Villa Sciarra sowie die erst 1997 eröffnete *Casa di Goethe*.

3. Neuansätze

Über welche Kanäle und in welchem Maße schließlich informieren sich Italiener und Deutsche gegenseitig über Neuerscheinungen auf dem Buchmarkt? Glaubt man einer Untersuchung des Trentiner Germanisten Michele Sisto, dann wird in Italien vergleichsweise viel übersetzt:

„Von circa 10.000 Buchtiteln, die jedes Jahr auf dem deutschen Markt erscheinen, werden etwa 100 übersetzt, d.h. ein Prozent der Gesamtproduktion. Wenn man von dieser Zahl die Wiederauflagen von Klassikern und die Unterhaltungsliteratur abzieht, bleiben für den an deutscher Literatur und Gesellschaft Interessierten etwa 30 Bücher übrig."[14]

Was das genau heißt, darüber kann wohl erst der Vergleich mit den Übersetzungen aus dem englischen, spanischen, amerikanischen und südamerikanischen Sprachraum Auskunft geben. Zweifelsohne werden die Autoren, die seit den sechziger und siebziger Jahren etwa von Einaudi verlegt werden – man denke an Grass oder an Enzensberger –, nach wie vor fast umgehend ins Italienische übersetzt[15]. Adelphi hingegen setzt auf W.G. Sebald, dessen Werke neues Interesse an der deutschen Literatur wecken und – von Ausnahmen abgesehen – als Gesamtausgabe in italienischer Sprache auf den Markt kommen sollen.

---

[14] Ich danke Michele Sisto für die freundliche Überlassung seines Aufsatzes, der 2008 unter dem Titel „Deutsche Literatur aus italienischer Sicht nach 1989: Gedächtnis und Identität" in dem Tagungsband „Gedächtnis und Identität. Die deutsche Literatur nach der Vereinigung" erscheinen wird.

[15] Vgl. hierzu vor allem Anna Chiarloni, Zur italienischen Rezeption der deutschen Nachkriegsliteratur, in: Heinz Ludwig Arnold (Hrsg.), Ansichten und Auskünfte zur deutschen Literatur nach 1954, München 1995, S. 155–168, und Fabrizio Cambi, Dopo il Quarantacinque: realismo e utopie, in: Giorgio Cusatelli (Hrsg.), I Tedeschi e l'Italia, Mailand 1996, S. 177–182. Wichtig für die kulturellen Beziehungen ist zudem die Aufsatzsammlung von Susanna Böhme-Kuby, L'avvenire del passato. Die Zukunft der Vergangenheit. Italia e Germania: le note dolenti, Udine 2007.

Das Jahr 1999 brachte für die Verbreitung der deutschsprachigen Literatur in Italien einen wichtigen Einschnitt. Allein in der Reihe „Scrittori italiani e stranieri" des Verlagshauses Mondadori erschienen fünf Bücher deutscher Autoren: „Simple storys" von Ingo Schulze[16], John von Düffels „Vom Wasser"[17], „Alles was zählt" von Georg M. Oswald[18], „Am Beispiel meines Bruders" von Uwe Timm[19] und „Familienleben" von Viola Roggenkamp[20]. Hinzu kamen: „Helden wie wir" und „Sonnenallee" von Thomas Brussig[21] in der Reihe „Le strade blu" – Bücher, die auch in Italien so etwas wie „Ostalgie" aufkommen ließen. 2004 folgte in der Taschenbuchreihe „Oscar Mondadori" die Anthologie „Berlin Babylon" mit Erzählungen von Tanja Dückers, Julia Frank, Judith Hermann, Wladimir Kaminer, Feridun Zaimoglu und anderen Autoren, die bis dahin noch nicht in Italien publiziert hatten[22]. Diese Anthologie bedeutet eine kleine Revolution, denn in Italien gibt es kaum Sammlungen zeitgenössischer deutscher Literatur[23]. „Berlin Babylon" ist besonders geeignet, um sich über die neue Generation deutscher Schriftsteller zu informieren. Das Buch wendet sich vor allem an junge Leser und erklärt den Mythos der Stadt Berlin als neues Babylon zum Angelpunkt der zeitgenössischen Literatur der Bundesrepublik.

Einige italienische Germanisten drängen derzeit darauf, diese stärker in den Blick zu nehmen, und das hat mehrere Gründe: Germanisten und Vertreter anderer Disziplinen haben so, erstens, die Möglichkeit, ihren Studenten einen guten Überblick über neuere Entwicklungen zu vermitteln, Texte in der Lehre einzusetzen und sie im Examen zur Prüfungsgrundlage zu machen. In drei Jahren ist es schwierig, sich mit den Klassikern der deutschen Literatur so vertraut zu machen, dass man darüber eine Prüfung ablegen könnte, es sei denn, man greift Einzelaspekte heraus und

---

[16] Vgl. Ingo Schulze, Storie semplici, Mailand 1999. Es folgte vom selben Autor: 33 attimi di felicità: dagli avventurosi appunti di un tedesco a Pietroburgo, Mailand 2001.
[17] Vgl. John von Düffel, Noi torniamo sempre all'acqua, Mailand 2000.
[18] Vgl. Georg M. Oswald, Quel che conta, Mailand 2002.
[19] Vgl. Uwe Timm, Come mio fratello, Mailand 2005.
[20] Vgl. Viola Roggenkamp, Vita di famiglia, Mailand 2006.
[21] Vgl. die beiden Werke von Thomas Brussig, Eroi come noi, Mailand 1999, und In fondo al viale del sole, Mailand 2001.
[22] Vgl. Laura Scuriatti (Hrsg.), Berlin Babylon. Antologia di giovani scrittori tedeschi, Mailand 2004.
[23] Ausnahmen: Hans Bender (Hrsg.), Il dissenso. 19 nuovi scrittori tedeschi, Mailand 1962, und der 9. Band der von Elio Vittorini und Italo Calvino herausgegebenen Zeitschrift Il Menabò: Nove scrittori italiani presentati da Hans Magnus Enzensberger, Turin 1966.

beschränkt die Sekundärliteratur auf ein Minimum. In Italien haben die Studenten der Geisteswissenschaften nur wenige Monate Zeit, um die schriftliche Abschlussarbeit vorzubereiten; eine etwaige Verlängerung führt zu zusätzlichen Gebühren. Zweitens bietet die Erweiterung des Literaturkanons jungen Italienern die Chance, als Übersetzer zu arbeiten und erste berufliche Kontakte mit Verlagshäusern aufzubauen. Drittens intensiviert die Aktualisierung des literarischen Angebots den intergenerationellen Dialog, der sich nicht nur zwischen den Schriftstellern entspinnt, sondern auch in Politik und Kultur. Dadurch verbessert sich unser Wissen über die Situation Deutschlands und seine spezifische Rolle im europäischen Rahmen. Darauf versucht vor allem Matteo Galli zu reagieren. Im Verlagshaus „Le Lettere" in Florenz hat er eine Reihe ins Leben gerufen, die Autoren wie Jens Sparschuh, Jurek Becker, Julia Franck und Uwe Timm eine wichtige Bühne bietet. Neuen Produkten und Sichtweisen zum Durchbruch zu verhelfen, bedeutet letztlich immer, unser Bewusstsein zu erweitern und zum Abbau von Vorurteilen beizutragen.

Der durchaus widersprüchliche Ausdruck „Auslandsgermanistik", mit dem die Germanistik außerhalb des deutschsprachigen Raums bezeichnet wird, erinnert uns italienische Germanisten – wie auch die Kollegen in anderen Ländern – ständig daran, dass wir letztlich nur Empfangende sind, in einem gewissen Sinne sogar Epigonen. Allerdings glaube ich nicht, dass man von einer schleichenden Entfremdung sprechen kann. Dem widersprechen all die Einrichtungen, die Deutschland anbietet, um seine Kultur und Wissenschaft näher kennenzulernen. Dem widersprechen die Bemühungen, junge Italiener zu Studium und Weiterbildung zu ermutigen. Und dem widerspricht schließlich auch, dass Deutschland bemüht ist, Italien das faktische Ungleichgewicht in der Finanzierung kultureller und wissenschaftlicher Einrichtungen nicht spüren zu lassen. Dagegen besteht in Italien auf Regierungsebene so etwas wie Unaufmerksamkeit – und zwar besonders dort, wo es um die Aufnahme ausländischer Nachwuchsforscher geht. Wir benötigen einfach mehr Geld für die Forschung; Italien ist hier schlicht unterfinanziert.

Aus dem Italienischen übersetzt von Patrick Bernhard.

Susanne Höhn
Beharrlichkeit im Wandel, Lücken im Gesamtbild

Deutsche und Italiener in der gegenseitigen Wahrnehmung

1. Die Persistenz von Stereotypen

Die gegenseitige Wahrnehmung von Italienern und Deutschen ist konjunkturabhängig. Wohl herrscht bisweilen gründliche Missstimmung, wie damals, als „Der Spiegel" auf seiner Titelseite einen Teller Spaghetti, garniert mit einem Trommelrevolver, servierte[1] oder als sich ein Staatssekretär der Regierung Berlusconi abfällig über die alljährlich aus Deutschland einfallenden Touristen-Horden äußerte. Grundsätzlich dominiert jedoch die gegenseitige Bewunderung, die sich vor allem auf Sekundärtugenden (italienischer Familiensinn, deutsche Gründlichkeit) und Lebensstil bezieht (wenn man das Oktoberfest oder „Gemütlichkeit" unter Lebensstil rubrizieren will). Problematisch ist aber, wie schnell diese Bewunderung in Rivalität umschlägt, die etwa im Fußball zumindest latent immer vorhanden ist.

Bernd Roeck und Christiane Liermann nennen insgesamt drei Hauptgründe für die Überzeugung von einundfünfzig Prozent der Italiener, ihre Landsleute ständen den Deutschen negativ gegenüber[2]: einen aus historischen Erfahrungen mit der „effizienten" Großmacht Deutschland resultierenden Minderwertigkeitskomplex, die Hypothek der deutschen Besatzung zwischen 1943 und 1945 und die nicht immer sachgerechte Berichterstattung der italienischen Medien über das zeitgenössische Deutschland. Allerdings ist auch das Italienbild der deutschen Medien nicht frei von Stereotypen, wie zuletzt bei der Fußballmeisterschaft 2006 deutlich

---
[1] Dieses Motiv zierte das Titelbild des „Spiegel" vom 25.7.1977 und war der Aufmacher für die Titelgeschichte (S. 98–109) „Reiseland Italien – ‚scheußliches Land'?", in der es unter anderem um „motorisierte Straßenräuber" und „brutale Gangster" sowie um die italienische „Entführungsindustrie" ging.
[2] Vgl. Bernd Roeck/Christiane Liermann, Zu den Perspektiven der deutschen Kulturpolitik in Italien, in: Bernd Roeck u. a. (Hrsg.), Deutsche Kulturpolitik in Italien. Entwicklungen, Instrumente, Perspektiven. Ergebnisse des Projekts „ItaliaGermania", Tübingen 2002, S. 3–50, hier besonders S. 21 ff.

wurde. Dass diese Entgleisungen in den online-Diensten des „Spiegel", der „Zeit" und der „Süddeutschen Zeitung" passierten, also in der Qualitätspresse, macht sie nicht weniger betrüblich. Der von Gian Enrico Rusconi[3] thematisierte Verratsvorwurf an die Italiener spielt allerdings in einem an Waffengeklirr immer weniger interessierten Deutschland keine bedeutende Rolle mehr. Die zu beanstandenden Klischees betreffen eher Fragen der Lebensführung und spiegeln sich beispielsweise in der ungeheuerlichen Behauptung wider, der italienische Mann sei eine „parasitäre Lebensform", die in einer missglückten Satire von „Spiegel-online" zu lesen war[4].

Die immer wieder hervorbrechende Rivalität läßt sich zunächst aus einem unsicheren Selbstbild erklären, das beiden Ländern als „verspäteten Nationen" eigen ist[5]. Wesentliche Kennzeichen dieser „Verspätung" waren für Autoren wie Helmuth Plessner mit Blick auf Deutschland: Provinzialismus, unpolitische Orientierung der Eliten, schwankende nationale Identität. Wer unsicher ist, reagiert aber auch höchst sensibel auf neugierige oder gar kritische Blicke von außen, wobei es zuweilen freilich immerhin möglich ist, dass man bei der Beobachtung des anderen sich selbst entdeckt. Anders ist zum Beispiel der außerordentliche Erfolg von Margarethe von Trottas Film „Die bleierne Zeit" (1981) in Italien gar nicht zu erklären, wurde hier doch das gemeinsame Problem Terrorismus thematisiert, ohne dass man wieder von den italienischen „Brigate Rosse" sprechen musste.

2. Kultur der kritischen Distanziertheit

Man könnte hier von „schleichender Entfremdung" sprechen, wenn die einschlägigen Beobachtungen nur die Beziehungen beider Länder beträfen. Diese Beobachtungen sind jedoch einzubetten in die von Wolfgang Rudzio für Deutschland diagnostizierte „politische Kultur der kritischen Distanziertheit"[6], die in den frühen achtziger Jahren entstanden ist. Dazu zählt Rudzio etwa den Rückgang der

---

[3] Vgl. Gian Enrico Rusconi, Deutschland – Italien, Italien – Deutschland. Geschichte einer schwierigen Beziehung von Bismarck bis zu Berlusconi, Paderborn u.a. 2006.
[4] Achim Achilles, Eingeölt und angeschmiert, in: Spiegel-online vom 27.6. 2006; die Kolumne verschwand nach heftigen Protesten aus Italien von der Homepage; vgl. dazu auch den Beitrag von Henning Klüver in diesem Band.
[5] Vgl. Helmuth Plessner, Das Schicksal deutschen Geistes im Ausgang seiner bürgerlichen Epoche, Zürich/Leipzig 1935.
[6] Wolfgang Rudzio, Das politische System der Bundesrepublik Deutschland, Wiesbaden 6., aktualisierte und erweiterte Aufl. 2003, S. 543.

von der sogenannten 68er Revolte evozierten „unkonventionellen Partizipation" und eine zunehmende Parteienverdrossenheit. Ähnliches gilt im gleichen Zeitraum für Italien. Politische Krisen wie die Korruptions- und Schmiergeld-Affäre „Tangentopoli" oder der Fall der Mauer ändern diese Diagnose nicht prinzipiell. „Kritische Distanziertheit" ist allerdings kein Desinteresse. Nur ist eben die Zeit der großen Themen beziehungsweise der großen Thematisierungen zunächst einmal vorbei.

Die Beziehungen zwischen beiden Ländern spielen sich jedoch abseits der großen Themen ab. Das sind zunächst ganz prosaisch die wirtschaftlichen Beziehungen, die traditionell intensiv sind. Was die Kulturinstitute und -gesellschaften betrifft, so ist deren Netz im jeweiligen Gastland enger geknüpft als im restlichen Europa. In den staatlichen und nichtstaatlichen Schulen Italiens ist der Anteil des Deutsch-Unterrichts trotz der fast monopolartigen Präferenz der Grundschulen – und demnächst eventuell auch der Mittelschulen – für Englisch als erste Fremdsprache sogar leicht gestiegen: An den Sekundarschulen lernten im Schuljahr 2005/06 rund 330 000 Schülerinnen und Schüler Deutsch; im Schuljahr 2004/05 waren es nur 285 000 gewesen[7]. In den Sprachkursen des Goethe-Instituts Italien haben die Teilnehmerzahlen nach einem leichten Rückgang in der letzten Zeit wieder den Stand der neunziger Jahre erreicht.

Das deutsche Interesse an italienischer Belletristik ist nach wie vor ungebrochen, zwar nicht mehr auf dem sensationellen Niveau der ausgehenden achtziger Jahre, als Italien 1988 Themen-Land der Frankfurter Buchmesse war, aber die Fundamente sind immer noch solide. Jährlich erscheinen in Deutschland insgesamt circa 90 000 echte Neuerscheinungen; das ist für einen relativ kleinen Sprachraum wie den deutschen eine gewaltige kulturelle und wirtschaftliche Leistung. Deutschland liegt damit im internationalen Vergleich hinter dem englischsprachigen Weltmarkt und der Volksrepublik China auf Platz drei. 7,9 Prozent der Titel, die 2004 herauskamen, sind Übersetzungen. Der Anteil der Übersetzungen erreicht damit nur etwas mehr als die Hälfte des Standes von 1995 (14,2 Prozent). Im Bereich der Belletristik kommen aus dem Italienischen 2,9 Prozent, aus dem Französischen 10,0 Prozent und aus dem Englischen 58,1 Prozent[8].

---

[7] Auswertung der Statistik des italienischen Bildungsministeriums zum Fremdsprachenunterricht an Schulen in Italien unter: www.goethe.de/ins/it/lp/prj/pvo/wer/de2652915.htm.
[8] Vgl. Buch und Buchhandel in Zahlen 2006, hrsg. vom Börsenverein des Deutschen Buchhandels, Frankfurt a.M. 2006, S. 55 und S. 69.

Umgekehrt würden wir Deutsche uns ein stärkeres italienisches Interesse an deutscher Belletristik wünschen, das über die Generation von Grass, Walser und Enzensberger hinausreicht und sich endlich auch auf die äußerst lebendige junge deutsche Literatur-Szene richtete. Pro Jahr werden nur etwa 35 bis 40 Titel im Segment deutsche Gegenwartsliteratur ins Italienische übersetzt. Woran mag es liegen, dass bezüglich der literarischen Produktion des jeweils anderen noch beträchtliches Entwicklungspotential zu konstatieren ist? An den Globalisierungstendenzen, die immer öfter fast nur noch wenige sogenannte Bestseller gleichzeitig auf alle Buchmärkte spülen – Bestseller, die auch inhaltlich immer stärker Ausdruck globalen Denkens und globaler Gefühle sind? An der Konzentration der Buchproduktion in wenigen Händen und an der abnehmenden Risikobereitschaft und marktorientierten Gewinnmaximierung der Verlage? An schlecht bezahlten und nicht organisierten Übersetzern? An immer weniger Lektoren, Redakteuren und Agenten, die in der Lage sind, Bücher in der Originalsprache zu lesen? An den Kritikern, die nicht mehr den Mut haben, ein unbequemes, aber bedeutendes Buch einem Bestseller vorzuziehen? Am Publikum, dem in einer hektischen Arbeitswelt immer weniger Zeit zur Lektüre bleibt und das täglich mit einer unglaublich angewachsenen Informationsflut umgehen muss? Hier setzte das Goethe-Institut Italien 2005 mit einem mehrjährigen Projekt an, um ein Netzwerk für neue deutsche Literatur aufzubauen und literarische Verbindungsarbeit zwischen Deutschland und Italien zu fördern.

Wir fanden, dass es sich lohnt, in dieses Thema zu investieren, damit den nationalen, nicht englischsprachigen europäischen Literaturen nicht das gleiche Schicksal widerfährt wie dem Film, wo unsere Sehgewohnheiten nachhaltig von übermächtigen Hollywood-Produktionen konditioniert wurden. Das Goethe-Institut entschied sich deshalb dafür, folgende Maßnahmen zu ergreifen: Jährliche Besucherreisen für Entscheidungsträger im italienischen Literaturbetrieb zur Leipziger Buchmesse und nach Berlin; Informationsangebote für Fachleute und literaturinteressiertes Publikum im Internet; Literatur- und Lesereihen in Italien; Fachtreffen für Übersetzer; Deutscher Literaturherbst 2006; Literaturverfilmungen; erstmalige Verleihung eines deutsch-italienischen Übersetzerpreises im Jahr 2008.

3. Die europäische Integration als kultureller Prozess

Man sieht in den anderen nicht „das ganz andere". Der traditionellen italienischen Wahrnehmung zufolge ist deutsche Kultur im Wesentlichen mit Tiefe und Existentiellem beschäftigt. Dementsprechend erfuhr Pina Bausch mit ihrem tänzerischen Nach-Außen-Bringen des inneren Zustands und ihren universellen Themen wie Angst, Terror, Tod, Verlassenwerden, Liebe und Sehnsucht in Italien einen ungleich höheren Zuspruch als die fast gleichaltrige Reinhild Hoffmann mit ihren Choreographien zu John Cage und Arnold Schönberg und ihren ungemütlichen Themen wie familiäre Neurosen oder Entlarvung der Theaterscheinwelt. Auf derselben Linie liegt der Misserfolg von „kühlen" Autoren wie Alexander Kluge oder Arno Schmidt in Italien. Inzwischen haben sich die lokalen Kulturen entprovinzialisiert, die jungen Künstler sind weltläufiger als ihre älteren Kollegen. So hatte die von 2004 bis 2006 von Christian Kracht und Eckhart Nickel herausgegebene Literaturzeitschrift *Der Freund* ihren Redaktionssitz in Kathmandu, der erst aufgegeben wurde, als die zunehmenden politischen Unruhen in Nepal eine Gefährdung darstellten. Heutige Künstler leben in einem Netzwerk internationaler Beziehungen, das von Anchorage bis Wellington reicht und bilaterale Verflechtungen aufweicht. Das Publikum folgt ihnen in dieser grundsätzlichen Neuorientierung. An die Stelle angestrengter Konzentration auf ein Land ist eine freundliche, fast ubiquitäre Zerstreutheit getreten, die hin und wieder durch künstlerische Ausnahmeleistungen oder politisch-publizistische Störfälle aufgeschreckt wird.

Auch die europäischen Kulturinstitute denken daran, sich vom Prinzip der Bilateralität zu verabschieden. Die wachsende Zahl gemeinsamer Programme und institutioneller Zusammenschlüsse ist Ausdruck des veränderten Bewusstseins der eigenen Aufgabe. Dieser Bewusstseinswandel ist zum Teil auch finanzieller Not und strukturellen Zwängen geschuldet. Die Aufmerksamkeit der politisch Verantwortlichen für die Kulturarbeit im Ausland richtet sich eben zunehmend auch auf andere Weltregionen. Ob man diese veränderten Rahmenbedingungen nun akzeptiert oder für verfehlt hält – um das Datum 1989, um den Mauerfall, kommt man ebenso wenig herum wie um die Einsicht, dass ausgerechnet dieses Ereignis, das zur nationalen Einigung führte, den Niedergang des Primats des Nationalen, die Verwischung des Begriffs der „Grenze", die Dynamisierung aller internationalen Beziehungen beschleunigt hat.

Im Übrigen hat das Goethe-Institut in Italien auf die materiellen Probleme eben nicht mit Schließungen reagiert (was von Kulturinstituten anderer Länder durchaus in Erwägung gezogen wurde und wird), sondern mit einer Neuorganisation aller sieben Institute zu einem arbeitsteiligen Netzwerk. Neuorganisation heißt hier nicht nur Senkung der Strukturkosten durch Zusammenfassung administrativer Vorgänge. Bedeutsamer ist die Aufgabe der kleinteiligen Programmplanung. Neuorganisation heißt jetzt Schwerpunktsetzung auf Landesebene, inhaltliche Arbeit in gemeinsamen Projekten, und Arbeitsteiligkeit meint Identifikation der lokalen Partner und Ermittlung des Bedarfs vor Ort. Es ist dieser Projektgedanke, der – im Unterschied zum unsteten Hasten von Philosophentagung zu Dichterlesung, von Kammerkonzert zu Ausstellungseröffnung – der Arbeit des Goethe-Instituts erst eine unverwechselbare Physiognomie gibt und anderen europäischen Kulturinstituten die Zusammenarbeitarbeit mit uns erleichtert. Zur Illustration mögen hier drei Beispiele genügen:

„68er Projekt": Für das Jahr 2008 ist – vierzig Jahre nach 1968 – das Projekt „1968–2008. Wo bleibt das ersehnte Glück?" in Angriff genommen worden. Grundüberlegung ist, dass die „68er Bewegung" trotz ihrer politischen Niederlage soziokulturelle Veränderungen in Gang gesetzt hat, ohne die unsere Gegenwart anders aussähe. Dabei ist das Phänomen „1968" nicht auf einzelne Länder reduzierbar, der Wertewandel erfasste so gut wie alle entwickelten Gesellschaften. Daher ist dieses Projekt nicht nur grenzüberschreitend in Zusammenarbeit mit den Goethe-Instituten weltweit geplant, sondern auch gemeinsam mit französischen, polnischen und US-amerikanischen Partnern. Das Projekt umfasst thematische Debatten, eine Filmreihe für das ganze Jahr 2008, eine Literaturausstellung mit Lesungen, ein europäisches Symposium sowie Konzerte aus dem Bereich Jazz, Rock und Pop.

Europäische Schulleitertagung „Integration durch Sprache" 2007: Die seit 1999 bestehende bildungspolitische Arbeitsstelle am Goethe-Institut Rom war im Laufe ihrer Tätigkeit zu dem Schluss gelangt, dass sich in den letzten Jahren die Mehrsprachigkeit der Bürger Europas und die Integration von Migrantenkindern als zwei zentrale Probleme im europäischen Bildungswesen herauskristallisiert hatten. Mit beiden Themen sind Schulen und Lehrer, aber auch andere Bildungsträger täglich konfrontiert. Obwohl Mehrsprachigkeit eine zentrale europäische Forderung an die schulische und außerschulische Bildung ist, bleibt sie im nationalen Kontext vielfach ein Desiderat; hier Abhilfe zu schaffen, stößt auf vielfältige Hindernisse, die es kreativ zu überwinden gilt. Die offensichtliche

Benachteiligung von Migrantenkindern widerspricht nicht nur dem Gebot sozialer Gerechtigkeit, sondern enthält der Gesellschaft wesentliche kulturelle und intellektuelle Ressourcen vor, die zumal in einer globalisierten Welt bald sehr stark gefragt sein dürften. Diese sozial- und bildungspolitische Problematik ist von gesamteuropäischer Brisanz. Was lag also näher, als Praktiker des Bildungswesens aus Deutschland, Frankreich, Großbritannien, Italien und Spanien zu einem europäischen Meinungsaustausch einzuladen? Diese Tagung war nur die erste Etappe in einem fortlaufenden Dialog mit den europäischen Partnern.

Biblioteca Europea: Im Jahr 2006 wurde die Bibliothek des Goethe-Instituts in Rom dem Bibliothekswesen der Stadt Rom zur Nutzung als „Europäische Bibliothek" überlassen. In mehrwöchigen Sichtungsarbeiten wurde ein circa 4000 Medieneinheiten umfassender Bestand ausgesiebt. Diese recht umfangreichen wissenschaftlichen Bestände (Philosophie, Germanistik, Bildende Kunst, Musik) wurden dann an geeignete römische Bibliotheken in Form von Buchspenden abgegeben. Diese Bibliotheken sichern die Pflege der Bestände und stellen sie dem Publikum zur Verfügung. Die „Europäische Bibliothek" ist also weder eine spezialisierte Einrichtung noch eine wissenschaftliche Bibliothek, sondern eine im weitesten Sinne öffentliche, dem Netz der römischen Kommunalbibliotheken angehörende Bibliothek. Sie stellt kein „fertiges Produkt" dar, sondern weist eine offene Struktur auf, deren Entwicklung durch die Erfordernisse der Benutzer geprägt sein wird. Das Informationszentrum des Goethe-Instituts selbst wird nur noch einen sehr kleinen Bestand (circa 2000 Medieneinheiten) in seinem Besitz behalten.

Jürgen Elvert, der Vorsitzende der Ranke-Gesellschaft, meinte kürzlich bei einer Tagung zum Thema „Leitbild Europa", dass Wahrnehmungen des anderen immer verhaltensorientierende Realitätsdeutungen einschließen[9]. Wenn man diesen Gedanken ausspinnt, können solche Deutungen entlastende oder motivierende Funktionen haben. Entlastung wäre aus italienischer Warte, dass man „den Deutschen" ihre Gründlichkeit gönnt, in der sie ja ohnehin nicht zu schlagen sind, und sich dafür lieber auf eigene Stärken besinnt, etwa Kreativität, wie auch immer sie *en détail* aussehen mag. Motivierend wäre aus deutscher Sicht, dass die Vorliebe für italienische Küche uns dazu bringt, über unsere kulinarischen Gewohnheiten und Traditionen nachzudenken. Das sind zugegebe-

---

[9] http://hsozkult.geschichte.hu-berlin.de/tagungsberichte/id=1547&count=203&recno=20&sort=datum&order=down&geschichte=75.

nermaßen kleine Themen. Aber die Zeiten großer Themen sind ja ohnehin vorbei. Vielleicht sind die gegenseitigen Impulse auf dem Gebiet der kleinen Themen auch viel stärker und häufiger, als wir uns das überhaupt auszumalen vermögen. Und vielleicht sind diese Impulse auch gar nicht gegenseitig, sondern ein allseitiges Geben und Nehmen, also nicht bilateral, sondern multilateral. „Schleichende Entfremdung" ist etwas anderes.

Ulrike Stepp
Im Zeichen von „Erasmus"
Deutsch-italienischer Universitätsaustausch und europäische Integration

1. Neuer Elan nach der Eiszeit?

„Eiszeit zwischen zwei Ländern" – so überschrieb die linksliberale Tageszeitung „La Repubblica" im Mai 2007 einen Beitrag über das deutsch-italienische Verhältnis. Deutschland, so stand da zu lesen, halte es – aller Liebe für Pasta und Pesto, Toskana und Toscanini zum Trotz – für sinnlos, seine Zeit mit Italien zu verschwenden. Zum Kronzeugen für diese frostige These berief das Blatt den Doyen der italienischen Deutschland-Forschung, Gian Enrico Rusconi, der seinem Unmut kurz zuvor mit den Worten Luft gemacht hatte: „Ich habe es satt, geliebt zu werden, ich will ernst genommen werden."[1]

Was die politischen Beziehungen betrifft, liegen in der Tat frustrierende Jahre hinter Deutschland und Italien. Bundeskanzler Gerhard Schröder und Ministerpräsident Silvio Berlusconi machten aus ihrer gegenseitigen Abneigung kaum einen Hehl, und so blieb die Atmosphäre zwischen Berlin und Rom unterkühlt. Erst unter Angela Merkel und Romano Prodi zeichnete sich seit dem Jahr 2005 ein neuer deutsch-italienischer Sommer ab – ein Sommer, wie er in den deutsch-italienischen Hochschulbeziehungen trotz mancher Temperaturschwankungen seit vielen Jahrzehnten zu genießen ist. Das gegenseitige Interesse ist vorhanden, neue Institutionen sind entstanden und mit Leben erfüllt worden, eine Generation junger, polyglotter Forscher schickt sich an, den universitären und wissenschaftlichen Beziehungen neuen Elan zu verleihen. Und das, was manchem Beobachter Sorgen bereitet – etwa die sinkende Zahl der Länderexperten –, kann auch als Zeichen der Normalisierung in einer Welt verstanden werden, in der exklusive bilaterale Beziehungen immer mehr in den Hintergrund treten und von komplexeren Netzwerken und Zusammenschlüssen wie

---

[1] Giampaolo Visetti, Il Gelo tra i due Paesi, in: La Repubblica vom 15.5.2007; dieser Artikel berichtete über die Tagung am Italienisch-Deutschen Historischen Institut in Trient, deren Beiträge im vorliegenden Band veröffentlicht sind.

der Europäischen Union verdrängt werden. Die deutsch-italienischen Hochschulbeziehungen wandeln sich und werden sich in den kommenden Jahren weiter wandeln; neben einer verwelkenden Blüte sprießen frische Knospen. Darin besteht eine große Chance, die es zu nutzen gilt. Die Institutionen, Strukturen und Kontakte, um die deutsch-italienischen Hochschulbeziehungen auf ein neues Niveau zu heben, sind vorhanden. Sie müssen nur genutzt werden.

2. Solide Fundamente

Der akademische Austausch zwischen Deutschland und Italien ist mindestens so alt wie die Universitäten. An der 1088 gegründeten Universität Bologna, der ältesten Universität Europas, war der Anteil der Studenten aus den Ländern nördlich der Alpen – gemessen an allen eingeschriebenen Studenten – zwischen 1500 und 1800 mit 33,4 Prozent höher als heute. Aufgrund der allgemeinen Unterrichts- und Publikationssprache Latein war die Verständigung in der Welt der Wissenschaft unkompliziert, was zur bemerkenswerten Mobilität von Studierenden und Dozenten beitrug. Sicherlich kann man das nur einer kleinen Elite vorbehaltene Studentenleben des Mittelalters und der frühen Neuzeit nicht ernsthaft mit dem heutigen vergleichen. Dennoch lohnt ein Blick in die „Vorzeit" der modernen institutionalisierten Kooperation, um zu erahnen, auf welch solidem, historisch gewachsenen Fundament der deutsch-italienische Wissenschaftsaustausch heute steht.

In kaum einem anderen europäischen Land gibt es eine so große Zahl von deutschen Forschungs- und Kulturinstituten wie in Italien. Die Kunsttheorie des Altertumswissenschaftlers Johann Joachim Winckelmann (1717–1768) und die Werke Johann Wolfgang von Goethes (1749–1823) prägten das Italienbild deutscher Wissenschaftler und nährten die fast sprichwörtliche „Italiensehnsucht" der Deutschen, so dass schon im 18. Jahrhundert die Idee entstand, eine deutsche Akademie in Rom zu gründen. Wenngleich dieser Plan erst im 20. Jahrhundert mit der „Villa Massimo" realisiert wurde, kam es doch bereits im 19. Jahrhundert aufgrund des gestiegenen Interesses an antiker Kunst und Kultur zur Errichtung deutscher Wissenschaftsinstitute in Italien. Als erstes Forschungsinstitut – und damit ältestes deutsches Auslandsinstitut überhaupt – wurde 1829 das Archäologische Institut in Rom gegründet. 1888 folgte am gleichen Ort das Deutsche Historische Institut – ebenfalls erstes und damit ältestes geschichtswissenschaftliches Auslandsinstitut. 1897 wurde das kunsthistorische Institut (heute

Max-Planck-Institut) in Florenz aus der Taufe gehoben, 1913 die Bibliotheca Hertziana für die Erforschung der italienischen Kunst und Nachantike, der Renaissance und des Barock in Rom.

Zwar ging mit der Bildung der europäischen Nationalstaaten im 19. Jahrhundert auch die Mobilität unter den Studierenden zurück – durch nationalistische Beschränkungen fielen viele Universitäten sogar in die Provinzialität zurück –, die Wissenschaftskontakte zwischen Italien und Deutschland rissen jedoch nie ab. Für den lebendigen Wissenschaftsaustausch zu Beginn des 20. Jahrhunderts seien hier nur zwei Beispiele genannt: Der erste, der die sardische Sprache erforschte, war der deutsche Romanist Max Leopold Wagner (1880–1962), und die erste kritische Gesamtausgabe der Schriften von Friedrich Nietzsche lag in den Händen der italienischen Philosophieprofessoren Giorgio Colli und Mazzino Montinari.

Der institutionalisierte, staatlich geförderte Universitätsaustausch zwischen Deutschland und Italien begann bereits wenige Jahre nach Gründung des Deutschen Akademischen Austauschdienstes (DAAD) im Jahr 1925[2]. Nur sechs Jahre später vergab der DAAD acht Studienstipendien nach Italien. Damit rückte Italien in den Kreis der zehn ersten Zielländer[3], für die insgesamt 104 Stipendien zur Verfügung standen. Nach der „Machtergreifung" der Nationalsozialisten im Januar 1933 wurde auch der DAAD für Hitlers machtpolitische Zwecke instrumentalisiert. Das faschistische Italien blieb deshalb ein wichtiges Partnerland und erhielt ab 1934 sogar ein eigenes DAAD-Büro in Rom, dessen Leiter 1936 mit wichtigen Aufgaben bei der Vorbereitung des deutsch-italienischen Kulturabkommens von 1938 betraut wurde[4]. Welches Gewicht man der „Achse" Rom-Berlin zumaß, zeigte auch die deutlich steigende Zahl der Stipendien: Zwischen 1934 und 1938 vergab der DAAD 64 Studienstipendien nach Italien, nach Frankreich hingegen nur 37[5]. Mit dem Frontwechsel Italiens nach dem Sturz Benito Mussolinis im Sommer 1943 und der Schließung der DAAD-Zentrale setzte der Universitätsaustausch zunächst aus.

---

[2] Vgl. Volkhard Laitenberger, Der DAAD von seinen Anfängen bis 1945, in: Peter Alter (Hrsg.), Spuren in die Zukunft. Der DAAD in der Zeit, Köln 2000, S. 21–49.
[3] Für die USA gab es 48 Stipendien, für Großbritannien/Irland 19, für Frankreich 13, für Ungarn, die Tschechoslowakei und Finnland je drei, für Island eines, für Spanien drei und für Kanada zwei. Vgl. ebenda, S. 31.
[4] Vgl. Jens Petersen, Vorspiel zu „Stahlpakt" und Kriegsallianz: Das deutsch-italienische Kulturabkommen vom 23. November 1938, in: VfZ 38 (1988), S. 41–71.
[5] Vgl. Laitenberger, DAAD, in: Alter (Hrsg.), Spuren, S. 43.

3. DAAD und Erasmus

Die Hochschul- und Wissenschaftskooperation wurde jedoch rasch wieder aufgenommen. Wenige Jahre nach dem Zweiten Weltkrieg vereinbarten die Bundesrepublik Deutschland und die Republik Italien, geeignete Maßnahmen treffen zu wollen, „um das Studium der Sprache, der Kultur, der Literatur und der Geschichte des anderen Landes und aller dieses Land betreffenden Fragen an Hochschulen und anderen Lehranstalten des eigenen Landes durch die Schaffung von Lehrstühlen und Lektorenstellen und durch die Abhaltung von Kursen und Vorträgen zu erleichtern und zu unterstützen"[6], wie es in Artikel 1 des deutsch-italienischen Kulturabkommens von 1956 heißt. Der 1950 neu gegründete DAAD mit Sitz in Bonn übernahm die Funktion eines Scharniers und entwickelte sich zum wichtigsten Motor des deutsch-italienischen Universitäts- und Wissenschaftsaustauschs.

Nach einer kurzen Unterbrechung blühte die jahrhundertealte Erfolgsgeschichte wieder auf, und die Zahl der Studierenden, die eine italienische und eine deutsche Universität besuchten, nahm ständig zu. Gerade in der wirtschaftlich prosperierenden Bundesrepublik wurden immer mehr finanzielle Mittel für den Universitäts- und Wissenschaftsaustausch zur Verfügung gestellt[7]. Dennoch blieb die Möglichkeit, einen Teil des Studiums in Italien zu absolvieren, nur einer kleinen Elite unter den deutschen Studierenden vorbehalten – und umgekehrt war es kaum anders.

Dies änderte sich erst mit der Vertiefung des europäischen Einigungsprozesses, vor allem mit der Einführung des Erasmus-Programms 1987. Der DAAD wurde zur nationalen Agentur für die Hochschulprogramme der Europäischen Gemeinschaft (EG), über die seither das Geld aus Brüssel an die deutschen Universitäten fließt. Angestoßen vom Erasmus-Programm entstanden immer mehr deutsch-italienische Hochschulpartnerschaften, und die ersten Studierenden machten sich als Pioniere auf den Weg, um mit einem EG-finanzierten Erasmus-Stipendium an einer Partneruniversität zu studieren. Dabei zeigte sich, dass Italien (nicht nur) für deutsche Studierende von Anfang an zu den attraktivsten Zielen zählte. 1991 studierten 1600 Deutsche an italienischen Universitäten – ein

---

[6] Bundesgesetzblatt 1958, Teil II, S. 78–82 (hier S. 78): Kulturabkommen zwischen der Bundesrepublik Deutschland und der italienischen Republik vom 8. 2. 1956.
[7] Zur Budgetentwicklung des DAAD zwischen 1950 und 2005 vgl. www.daad.de/portrait/de/1.4.1.html.

Rekord, der bis heute allerdings nicht mehr erreicht wurde[8]. Aber auch immer mehr Italiener waren an einem Auslandssemester oder Studienjahr in Deutschland interessiert.

Erleichtert wurde die Mobilität der Studierenden durch die Umsetzung des Vertrags von Maastricht aus dem Jahr 1992 und den Wegfall der Grenzen innerhalb der EU. Studenten und Wissenschaftler nutzten diese neue Freiheit besonders engagiert. Die Anstöße aus Brüssel zur Schaffung eines einheitlichen europäischen Hochschulraums wurden nach und nach angenommen und weiterentwickelt. Fast folgerichtig nahm Mitte der neunziger Jahre die Zahl der deutsch-italienischen Hochschulkooperationen – die meisten in Form von Erasmus-Partnerschaften – exponentiell zu[9], und 1995 entstand der erste deutsch-italienische Studiengang an den Universitäten Bonn und Florenz mit einem von beiden Seiten anerkannten Studienabschluss.

4. Europäisierung des Studiums

Allerdings wurde nach dem Fall der Berliner Mauer, der deutschen Vereinigung und der Auflösung der Sowjetunion das frei zu bereisende Europa größer. Damit eröffnete sich neben den Ländern der EG ein ganz neuer Studien- und Wissenschaftsraum; das deutsch-italienische Vorzeigepaar bekam Konkurrenz. Über verschiedene Programme wurden Anreize für deutsche Studierende und Wissenschaftler geschaffen, die alten und neuen Staaten diesseits oder auch jenseits des Ural in den Blick zu nehmen, während mit der beschleunigten Globalisierung auch andere Kontinente an Attraktivität gewannen. So konnte man in der zweiten Hälfte der neunziger Jahre eine deutliche Zunahme der Zahl deutscher Studierender in den USA, Australien, Japan und Neuseeland beobachten[10].

Dieser allgemeine Trend bedeutet allerdings nicht, dass der deutsch-italienische Universitätsaustausch abgenommen hätte. Die Attraktivität der neuen Zielländer wirkte sich nur unwesentlich auf die bestehenden Erasmus-Partnerschaften aus, so dass man eher von einer Normalisierung sprechen könnte. Es wird für deutsche

---

[8] Vgl. Deutsche Studierende im Ausland. Ein statistischer Überblick 1991–1999, hrsg. vom Bundesministerium für Bildung und Forschung, Bonn 2001, S. 12.
[9] Zur Kooperation zwischen deutschen und italienischen Hochschulen vgl. www.hrk.de.
[10] Vgl. Deutsche Studierende im Ausland, S. 12.

wie auch italienische Studierende immer mehr zur Routine, ein Semester oder Studienjahr an einer europäischen Hochschule zu verbringen. Westeuropa wurde gleichsam zum Standard, während alles andere zwar als exotisch, aber erreichbar gilt. Die Folge ist: Insgesamt verlassen nun viel mehr Studierende für eine Weile ihr Heimatland als früher – in Deutschland und in Italien[11].

Mit dem 1999 in Bologna begonnenen Prozess der Schaffung eines einheitlichen Hochschulraums erhielt auch die europäische Idee neuen Auftrieb. Wenngleich die Aufteilung der Studiengänge in „3+2 Jahre", also einen Bachelor- und einen Masterstudiengang entsprechend dem angelsächsischen Studiensystem, sowohl in Deutschland als auch in Italien kontrovers diskutiert wurde, bildete sie doch auch einen neuen Anreiz, im europäischen Ausland zu studieren – und zwar nicht nur, wie bisher, ein oder zwei Semester lang, sondern auch vom ersten Seminar bis zum Examen. Italien war das erste europäische Land, das sein Studiensystem 1999 änderte und ab 2001 dreijährige Bachelorstudiengänge sowie zweijährige Masterstudiengänge einrichtete. Kurzfristig führte dies zu einer Abnahme der Auslandsstudien, da innerhalb des ersten dreijährigen Studienzyklus' kaum noch die Möglichkeit besteht, ein Semester oder gar Jahr an einer anderen Universität zu verbringen. Zu kompakt ist das Studienprogramm, zu streng sind die Richtlinien, die es den Professoren erschweren, thematisch auch nur leicht vom italienischen Studienprogramm abweichende Prüfungszeugnisse, die im Ausland erworben wurden, anzuerkennen. Da viele italienische Studierende aufgrund der recht hohen Studiengebühren zudem darauf achten müssen, die Regelstudienzeit einzuhalten, ist der Weg ins Ausland – jedenfalls innerhalb eines Studiengangs – für viele Studenten erschwert oder gar verstellt. Langfristig hingegen lässt sich eine echte Europäisierung beobachten: Immer mehr Italiener absolvieren ihr erstes Studium in Italien, schreiben sich dann jedoch für einen konsekutiven Masterstudiengang an einer deutschen Universität ein – viele Deutsche machen es umgekehrt.

---

[11] Die Teilnahme deutscher Studierender am Erasmus-Programm stieg zwischen 1998 und 2006 von 14 693 auf 23 848. Die Teilnahme italienischer Studierender am Erasmus-Programm erhöhte sich von 10 875 im Jahre 1998 auf 16 389 im Jahre 2006; vgl. www.wissenschaft-weltoffen.de/daten/4/6/3.html.

5. Neue Institutionen der Zusammenarbeit

Parallel dazu wurde in der ersten Hälfte des neuen Jahrtausends die Institutionalisierung des deutsch-italienischen Universitäts- und Wissenschaftsaustausches weiter vorangetrieben. 2002 entstand nach dem Vorbild der Deutsch-Französischen und der Italienisch-Französischen Hochschule das Deutsch-Italienische Hochschulzentrum (DIH). Partner auf deutscher Seite ist der DAAD; das italienische Sekretariat hingegen hat seinen Sitz in Trient[12]. Ziel des DIH ist es,

„die bestehenden vielfältigen Kooperationen zwischen deutschen und italienischen Hochschulen noch wirkungsvoller zu unterstützen und durch Synergieeffekte zu verstärken. Das Hochschulzentrum soll insbesondere die Entwicklung von neuen gemeinsamen Studienprogrammen mit Bachelor- und Master-Abschluss und gemeinsam betreute Promotionsvorhaben (cotutelle de thèse-Modell) sowie die Gründung gemeinsamer Graduiertenkollegs, vor allem auch im Bereich der Natur- und Technikwissenschaften, anregen und fördern. Das Deutsch-Italienische Hochschulzentrum wird außerdem die Synergien zwischen dem System der Hochschulausbildung und der Forschung beider Länder und den jeweiligen Unternehmenssystemen fördern."[13]

Im selben Jahr stiftete der DAAD mit Mitteln des Auswärtigen Amts einen deutsch-italienischen Wissenschaftspreis: den Ladislao-Mittner-Preis[14], der seit 2002 jährlich in wechselnden Disziplinen an hervorragende italienische Wissenschaftler verliehen wird, die sich durch ihre Deutschlandstudien auszeichnen, für den deutsch-italienischen Dialog engagieren und sich noch am Anfang oder in der Mitte ihrer Karriere befinden[15]. Im Jahr 2004 organisierte das DIH zum ersten Mal die Deutsch-Italienischen Hochschultage in München, die zwei Jahre später in Rom wiederholt wurden. In Zukunft sollen sie im Zweijahresrhythmus abwechselnd in Deutschland und Italien Studierenden und Wissenschaftlern eine Platt-

---

[12] Die Universität Trient ist auch die italienische Universität, die die meisten Partnerschaften und binationalen Programme mit Deutschland unterhält.
[13] Satzung des DIH zit. nach www.ait-dih.org.
[14] Benannt ist dieser Preis nach dem italienischen Germanisten Ladislao Mittner, der mit seiner deutschen Literatur- und Kulturgeschichte den Grundstein für die Entwicklung der Germanistik in Italien nach dem Zweiten Weltkrieg legte und sich als Grenzgänger und Brückenbauer zwischen den beiden Kulturen diesseits und jenseits der Alpen verdient gemacht hat.
[15] Der Preis wurde bisher in folgenden Disziplinen verliehen: 2002 Philosophie, 2003 Rechtswissenschaften, 2004 Zeitgeschichte, 2005 Germanistik, 2006 Literarische Übersetzung, 2007 Politikwissenschaft.

form für Information und Austausch bieten. Gleichzeitig erhalten einzelne Universitäten die Möglichkeit, sich im Partnerland zu präsentieren und so für sich zu werben. Um die bilateralen Kontakte zu stärken, weihte der DAAD 2004 ein eigenes Informationszentrum in Rom ein. Die über 100 Anfragen, die täglich hier eingehen, beweisen, dass es auf italienischer Seite großes Interesse an Studien- und Forschungsmöglichkeiten in Deutschland gibt.

6. Rosige Aussichten?

Für den bilateralen Austausch in Forschung und Lehre bietet das neue Jahrtausend im Vergleich zu den neunziger Jahren weitaus mehr Möglichkeiten. Doch ist die Schaffung neuer Institutionen ein Indikator dafür, dass sich Deutschland und Italien immer besser kennen lernen? Oder bedarf es dieser Institutionen gerade deshalb, um dem gegenseitigen Desinteresse entgegenzuwirken? Blickt man auf die nackten Zahlen, lässt sich gegenüber den neunziger Jahren keine Entfremdung zwischen Deutschland und Italien feststellen. Die Zahl der Austauschstudenten hat sich auf einem stabilen Wert eingependelt: 2005 studierten 1293 deutsche Studierende in Italien und 6700 Italiener in Deutschland[16]. Die Zahl der Hochschulkooperationen ist beständig gewachsen; nach Angaben der Hochschulrektorenkonferenz gab es im Mai 2006 1172 deutsch-italienische Hochschulkooperationen[17], Anfang der neunziger Jahre war es lediglich ungefähr die Hälfte. Auch bei den deutsch-italienischen Studiengängen ist seit dem Fall der Mauer eine Zunahme festzustellen. Daneben sind neue Institutionen entstanden und neue Wissenschaftspreise ins Leben gerufen worden. Von einer „schleichenden Entfremdung" kann somit zumindest an den Universitäten keine Rede sein.

In der Politik mögen die Dinge anders liegen. Stefan Ulrich hat den Zustand der politischen Beziehungen zwischen Deutschland und Italien in der „Süddeutschen Zeitung" treffend beschrieben. Mit den beiden Staaten verhalte es sich wie mit einem alten Ehepaar: Man kenne sich in- und auswendig, was den anderen zwangsläufig uninteressanter erscheinen lasse. Doch ein neues gemeinsames Projekt könne die Partnerschaft wieder neu beleben[18]. Aller-

---

[16] Vgl. www.wissenschaft-weltoffen.de.
[17] Vgl. www.hrk.de.
[18] Vgl. Stefan Ulrich, Geliebt, aber nicht ernst genommen – Jammer mia: Die Krise Europas hat Italia und Germania entfremdet, in: Süddeutsche Zeitung vom 18.5.2007.

dings muss ein solches Projekt erst noch erfunden werden. Im universitären Bereich stehen die Chancen dafür nicht schlecht. Für die „Generation Erasmus" ist das Kennenlernen des Anderen längst normal. In wenigen Jahren werden die Erasmus-Studenten von heute Führungspositionen in Hochschule und Politik bekleiden. In den nächsten fünf bis zehn Jahren werden beispielsweise 80 Prozent der italienischen Professoren den Weg in den Ruhestand antreten. Die Saat, mit der sich die Kooperation in der akademischen Welt intensivieren und einer „schleichenden Entfremdung" in der Politik begegnen lässt, ist zumindest an den Universitäten bereits gelegt. Und auch die Institutionen, um sie aufblühen zu lassen, sind geschaffen.

Zeitgeschichte im Gespräch

Deutschland im Luftkrieg
Geschichte und Erinnerung
Herausgegeben von Dietmar Süß
2007 | 152 S.
Br. | € 16,80
ISBN 978-3-486-58084-6
Zeitgeschichte im Gespräch, Bd. 1

Aus der Presse:

»Die zumeist jungen Autoren zeichnen sich ebenso durch ihren distanzierten, klaren Blick auf das Geschehene aus wie durch ihre Fähigkeit, ihm neue Aspekte abzugewinnen. Da wächst eine neue Generation von Zeithistorikern heran, die wirklich etwas zu sagen hat.«
Christian Jostmann in: Süddeutsche Zeitung

»Es ist selten, dass auf gedrängtem Raum derart viele spannende Informationen und Thesen vereinigt sind wie in diesem Band. ... Wenn weitere Aufsatzbände ähnlich hoher Qualität folgen, wird die neue Reihe des Instituts für Zeitgeschichte weit über die Historikerzunft hinaus Resonanz finden.«
Rüdiger Hachtmann in: sehepunkte

Oldenbourg

oldenbourg.de
Bestellungen über den Buchhandel
oder direkt: verkauf@oldenbourg.de

Lutz Klinkhammer
Zeitgeschichtliche Exzellenzforschung und zeitgenössische Wahrnehmungsstörungen

1. Exzellenz in den deutsch-italienischen Wissenschaftsbeziehungen

Die wissenschaftlichen Beziehungen zwischen Deutschland und Italien sind in allen Bereichen exzellent. Ein Beleg für die intensive Vernetzung der beiden Länder ist allein schon das Verzeichnis der etwa 500 italienischen „Humboldtianer"[1]. Auch wenn man auf die Präsenz Italiens in der historischen Forschung der Bundesrepublik schaut, ist festzustellen, dass diese nicht nur außerordentlich hoch ist, sondern in den letzten Jahren sogar enorm zugenommen hat. Diese Entwicklung hängt zweifellos mit der Aktivität einzelner Institutionen zusammen, die als Motoren und Promotoren der Italienforschung gewirkt haben. In der frühen Nachkriegszeit hatten gerade die deutsch-italienischen Historikerzusammenkünfte, die vom Internationalen Schulbuchinstitut Braunschweig (dem heutigen Georg-Eckert-Institut für internationale Schulbuchforschung) organisiert wurden, erhebliche Bedeutung. Renommierte Fachkollegen beider Länder kamen hier seit 1953 miteinander in Kontakt[2]. An der Tagung im Jahr 1968 zum *Risorgimento* nahmen Franco Valsecchi, Rosario Romeo, Giuseppe Galasso und Renato Mori teil, während auf deutscher Seite auch Vertreter der jüngeren Generation auffielen: Rudolf Lill, Wolfgang Schieder, Volker Sellin. Bis 1968 gab es acht solche Treffen; bereits 1960 wurden Thesen über „1000 Jahre deutsch-italienische Beziehungen" veröffentlicht, die man auf den ersten fünf Tagungen erarbeitet hatte. 1963 kam das Thema „Faschismus und Nationalsozialismus" in den Blick, das damals als das „heikelste" in der Geschichte der beiden Länder und ihrer gegenseitigen Beziehungen galt.

---

[1] Dass darin die Geschichtswissenschaft trotz ausgezeichneter Vertreter zahlenmäßig nur wenig vertreten ist, hat mit der Dominanz der Naturwissenschaften in der Alexander von Humboldt-Stiftung zu tun.
[2] Später übten auch das Institut für Europäische Geschichte in Mainz und das Institut für Zeitgeschichte in München eine solche Brückenfunktion aus.

Seitdem es am Deutschen Historischen Institut (DHI) Rom einen Referenten für die Geschichte des 19. und 20. Jahrhunderts gibt, spielt dieses Institut eine zentrale Rolle bei der Förderung der deutschsprachigen Italienforschung. Insbesondere die jahrzehntelange Arbeit von Jens Petersen hat reiche Früchte getragen[3]. Es ist hier schon aus Platzgründen nicht möglich, eine Bilanz zu ziehen und alle wichtigen Studien aufzulisten, die ehemalige Stipendiaten oder Mitarbeiter des DHI Rom verfasst haben. Allein in der „Bibliothek des Deutschen Historischen Instituts in Rom"[4] sind seit 1967 24 Bände zur Geschichte des 19. und 20. Jahrhunderts erschienen. Auch in den „Quellen und Forschungen aus italienischen Archiven und Bibliotheken" wurden zahlreiche einschlägige Aufsätze publiziert, wobei in den sechziger Jahren zunächst das 19. Jahrhundert als Forschungsfeld erschlossen wurde, bevor man eine Dekade später auch die Zeitgeschichte im engeren Sinne entdeckte[5]. Das DHI ist eng mit der „Arbeitsgemeinschaft für die Neueste Geschichte Italiens" verbunden, die ein Vierteljahrhundert lang maßgeblich von Wolfgang Schieder und Jens Petersen getragen wurde und nicht nur die Vernetzung des DHI Rom mit der deutschen Universitätslandschaft sicherstellte, sondern auch eine nachhaltige Wirkung auf diese selbst ausübte[6].

Der Kreis der deutschen Italienexperten hat sich insbesondere in den letzten 15 Jahren erstaunlich erweitert, wie die Zahl der Dissertationen mit Italienbezug eindrucksvoll belegt. Fortgeschrittene Studierende und Magisterkandidaten konnten das Erasmus-Programm nutzen, durch das der Austausch intensiviert und die Sprachkompetenz deutlich gestärkt worden ist. Dennoch bleibt für die meisten deutschen Akademiker die Sprachbarriere bestehen. Wahrnehmungsprobleme sind die Folge, da die Ergebnisse der italienischen Forschung nur selten in andere Sprachen – zumal ins Deutsche – übersetzt werden.

---

[3] Vgl. Jens Petersen, La ricerca contemporaneistica al Deutsches Historisches Institut – DHI, in: Istituto Nazionale per la storia del movimento di liberazione in Italia. Storia d'Italia nel secolo ventesimo. Strumenti e fonti, hrsg. von Claudio Pavone, Bd. 2, Rom 2006, S. 189–208.
[4] Ein Meilenstein war die Dissertation von Jens Petersen, Hitler – Mussolini. Die Entstehung der Achse Berlin-Rom 1933–1936, Tübingen 1973 (Bibliothek des Deutschen Historischen Instituts in Rom, Bd. 43), die rasch eine bis heute vielbeachtete italienische Übersetzung erfuhr.
[5] Vgl. Quellen und Forschungen aus italienischen Archiven und Bibliotheken. Register zu den Bänden 1-75 (1898–1995), bearb. von Helen Meyer-Zimmermann, Tübingen 1997, sowie www.dhi-roma.it/publneu.htm.
[6] Vgl. hierzu den Beitrag von Christof Dipper in diesem Band.

2. Politisierte Vergangenheit

Aber führt exzellente Forschung auch zu exzellenten Beziehungen? Hier ist eine gesunde Portion Skepsis angebracht, die vor allem auf die jüngste Vergangenheit zurückzuführen ist. Schließlich stand die deutsche Wissenschaft im Dienste des NS-Regimes – das gilt für die Kaiser-Wilhelm-Institute ebenso wie für die Universitäten. Nach dem Ende des Dritten Reichs kam es nicht zuletzt bei den Historikern als Reaktion auf die Politisierung und Instrumentalisierung der Wissenschaft zwischen 1933 und 1945 zu einem Rückbezug auf ältere, zumindest auf den ersten Blick weniger brisante oder sogar positiv bewertete Perioden der Geschichte. Allerdings trog der schöne Schein, denn es konnte auch in früherer Zeit keine Rede davon sein, dass Politik und Historie getrennte Sphären gewesen wären. Aktuelle Gegenwartsfragen haben das Forschungsprogramm des Preußischen Historischen Instituts in Rom schon vor 1914 beeinflusst, wobei sich hier das Erbe des Kulturkampfs ebenso widerspiegelte wie das kulturimperialistische Tauziehen um die schönsten Editionsvorhaben, die in dieser Zeit archivalischen Goldrausches abgesteckt wurden wie wenige Jahrzehnte vorher die Claims auf den Goldfeldern Kaliforniens[7].

Während sich die Historiker mit weit zurückliegenden Epochen beschäftigten – vom Repertorium Germanicum über die Nuntiaturberichte hin zu den Stauferforschungen –, fand gleichzeitig das aktuelle Tagesgeschehen jenseits der Alpen große Aufmerksamkeit: Dies galt für das *Risorgimento* und den vermeintlich für Deutschland beispielhaften Prozess der staatlichen Einigung Italiens ebenso wie für die Geschicke des Dreibunds, das Drama der deutsch-österreichischen und italienischen Entzweiung vor 1915 und in noch stärkerem Maße für Mussolinis Faschismus. Dieses zeitgenössische Interesse brach nach 1945 weitgehend ab, wie Jens Petersen, der große Italienkenner, festgestellt hat. Darunter litt (und leidet) auch die italienische Geschichte des 19. und 20. Jahrhunderts, die die deutsche Öffentlichkeit nur in homöopathischer Verdünnung erreichte. Die Zahl der Übersetzungen einschlägiger Studien ist bis heute marginal. Dies lässt sich beispielsweise anhand der italienischen Geschichtsschreibung über Preußen zeigen, deren „wichtiges, wenngleich negatives Charakteristikum" nach einem

---

[7] Eine ähnliche Entwicklung lässt sich übrigens bei den Forschungsinstituten für klassische Archäologie ausmachen; vgl. Lutz Klinkhammer, Großgrabung und große Politik. Der Olympia-Vertrag als Epochenwende, in: Helmut Kyrieleis (Hrsg.), Olympia 1875–2000. 125 Jahre Deutsche Ausgrabungen, Mainz 2002, S. 31–47.

galligen Diktum von Gustavo Corni darin besteht, „dass sie in Deutschland wenig bekannt ist"[8]. Dieser Befund lässt sich getrost auf andere Themenfelder übertragen, wobei die schließlich übersetzten Werke nicht selten eine eigene Geschichte haben und viel dem Engagement einzelner Verleger zu danken ist[9].

Bücher über Grappa, Olivenöl und die italienische Renaissance finden immer Abnehmer in Deutschland. Italienische Zeitgeschichte hingegen wird gescheut, als ob sie eine ansteckende Krankheit mit sich brächte. Diese Abwehrreaktion zeigte sich in besonders eklatanter Weise im Umgang mit dem Buch Luciano Canforas über die Demokratie[10], das von deutschen Historikern als nicht publikationswürdig eingestuft wurde. Nach Pressemeldungen hat Hans-Ulrich Wehler von einer „nicht nur extrem dogmatischen", sondern auch „dummen" Darstellung gesprochen[11]. Der Beck-Verlag löste daraufhin den Vertrag mit einem Autor, dessen Arbeiten er in den vergangenen Jahren bereits erfolgreich verlegt hatte. Ob Canforas essayistischer Überblick (der für die von Jacques Le Goff herausgegebene Reihe „Europa bauen" – einem Gemeinschaftsprojekt von fünf europäischen Verlagen – konzipiert wurde) gelungen ist oder nicht, sei dahingestellt. Die damit verbundene Auseinandersetzung legte jedoch wunde Punkte im deutsch-italienischen Verhältnis offen, die auch ein Schlaglicht auf den Stand der Beziehungen zwischen beiden Ländern insgesamt warfen.

Besonders bezeichnend war das Faktum, dass die deutsche Presse – die sich dabei nur auf Historiker berief – Canfora die Verharmlosung Stalins vorwarf, während italienische Printmedien betonten, der Grund für die ablehnende Haltung des Beck-Verlags seien die giftigen Passagen Canforas über die Rolle ehemaliger Nazis in der Bundesrepublik der Ära Adenauer gewesen. Bemerkenswert ist darüber hinaus, dass die deutschen Experten ihr Urteil auf der Basis einer fehlerbehafteten Rohübersetzung fällten, ohne sich die Mühe gemacht zu haben, die schon veröffentlichte

---

[8] Gustavo Corni, Preußen in der italienischen Historiographie nach 1950. Einführende Bemerkungen, in: ders./Frank-Lothar Kroll/Christiane Liermann (Hrsg.), Italien und Preußen. Dialog der Historiographien, Tübingen 2005, S. 9–15, hier S. 13.
[9] Vgl. etwa Fiammetta Balestracci, Klaus Wagenbach und die italienische Literatur in der Bundesrepublik Deutschland 1964–1989, in: Jahrbuch für Internationale Germanistik 38 (2006), S. 59–80.
[10] Vgl. Luciano Canfora, La democrazia. Storia di un'ideologia, Rom/Bari ²2006.
[11] Peter von Becker, Der gute Stalin. Ein italienisch-deutscher Historikerstreit, in: Tagesspiegel vom 18. 11. 2005.

französische oder spanische Ausgabe zu Rate zu ziehen – von einer Lektüre des italienischen Originals ganz zu schweigen. So wurde die (ziemlich überzogene) Antwort des scharfsinnigen und scharfzüngigen Altphilologen Canfora zu einem Lehrstück in Quellenkritik[12].

3. Historische Belastungen

Hinter den Fehlperzeptionen, die im Fall Canfora besonders grell aufscheinen, stehen divergierende Deutungen der Geschichte, die nicht zuletzt von den traumatischen Erfahrungen des vergangenen Jahrhunderts geprägt sind. Vor allem der Partisanenkrieg in Italien zwischen 1943 und 1945 und der Vorwurf vom doppelten „Verrat" 1915 und 1943 erwiesen sich als nachhaltige kulturelle Belastungen[13], die auch dazu führten, dass große Teile der italienischen Zeitgeschichte, vor allem aber die Werke der politisch linksstehenden Historiker, in der Bundesrepublik nicht wahrgenommen wurden. Der Partisanenkrieg und die *Resistenza* spielten weder in der westdeutschen Geschichtswissenschaft[14] noch in der öffentlichen Debatte eine nennenswerte Rolle. Spiegelbildlich-konträr zur kollektiven Erinnerung der italienischen Gesellschaft, wo man den Widerstand glorifizierte, wurde in der Bundesrepublik jahrzehntelang der ehrenhafte Kampf der deutschen Truppen herausgestellt. Die Leserbriefspalten in der „Frankfurter Allgemeinen Zeitung" liefern hierfür genügend Anschauungsmaterial: Noch Anfang der neunziger Jahre konnte das zahlenmäßig größte Massaker an der Zivilbevölkerung im nationalsozialistisch besetzten Westen Europas abgestritten und als „Marzabotto-Lüge" bezeichnet werden. Die beiden in Italien verurteilten Kriegsverbrecher Walter Reder und Herbert Kappler wurden nicht selten als Opfer einer rachsüchtigen Siegerjustiz angesehen[15]. Die von der italienischen Wider-

---

[12] Vgl. Luciano Canfora, L'occhio di Zeus. Disavventure della „Democrazia", Rom/Bari 2006.
[13] Vgl. Gian Enrico Rusconi, Deutschland – Italien, Italien – Deutschland. Geschichte einer schwierigen Beziehung von Bismarck bis zu Berlusconi, Paderborn u.a. 2006.
[14] Eine bei Edgar R. Rosen entstandene Dissertation stellt eine absolute Ausnahme dar: Hubertus Bergwitz, Die Partisanenrepublik Ossola. Vom 10. September bis zum 23. Oktober 1944, Hannover 1972; das Buch erschien 1979 beim Verlag Feltrinelli auch in italienischer Sprache.
[15] Zur Haltung der bundesdeutschen Presse unter besonderer Berücksichtigung der Frankfurter Allgemeinen Zeitung vgl. Joachim Staron, Fosse Ardeatine und Marzabotto: Deutsche Kriegsverbrechen und Resistenza. Geschichte und nationale Mythenbildung in Deutschland und Italien

standsbewegung selbst geschaffenen Legenden haben diese Reaktion auf deutscher Seite sicherlich erleichtert. Die eigentliche Verweigerung bestand jedoch auf der Ebene des kollektiven Bewusstseins, wo die zeitgenössische Missachtung des Feindes in den öffentlichen – und in transformierter Form auch in den historiographischen – Diskurs überführt worden ist.

Hängt diese Missachtung der *Resistenza* aber nicht auch mit einer spezifisch deutsch-deutschen Variante des Konflikts um politische Legitimation zusammen? Denn die DDR hatte den italienischen Widerstand gegen die „nazifaschistischen deutschen Truppen" sehr wohl gewürdigt. Schon 1959 erschien in Ost-Berlin eine wichtige Auswahl von Berichten und Artikeln, die Luigi Longo und Pietro Secchia, beides führende Kommunisten, 1944 im Untergrund publiziert hatten, und 1970 brachte der Militärverlag in Ost-Berlin die längst zum Klassiker gewordene Geschichte der *Resistenza* des Kunsthistorikers Roberto Battaglia in deutscher Sprache heraus. Während Battaglias *Storia della Resistenza italiana* bereits eine Reihe von Augenzeugenberichten über das Massaker von Sant'Anna di Stazzema enthielt, geriet dieses Thema in der Bundesrepublik erst 1999 in die Schlagzeilen, als es Christiane Kohl von der „Süddeutschen Zeitung" gelang, ein spektakuläres Interview mit einem ehemaligen Soldaten der Waffen-SS zu führen, dessen Einheit im August 1944 für dieses grauenhafte Gemetzel verantwortlich war[16]. Glauben finden Schilderungen aus dem italienischen Widerstandskampf in Deutschland offenbar erst dann, wenn die Täter ihre eigenen Gräueltaten eingestehen. Lange Zeit wurden dagegen deutsche Rechtfertigungslegenden verbreitet, die oft genug mit abschätzigen Kommentaren oder gar der offenen Kriminalisierung der italienischen Widerstandsbewegung einhergingen. Anfang der sechziger Jahre wurde dies im Zusammenhang mit dem deutsch-italienischen Wiedergutmachungsabkommen besonders deutlich. Ein Beamter des Bundesministeriums für Finanzen lehnte etwa 1963 die Bitte des *Comitato Vittime Civili di Guerra* von Sant'Anna di Stazzema um Entschädigung mit der Begründung ab, der Eingabe könne man nicht entnehmen,

---

(1944–1999), Paderborn u.a 2002; eine italienische Übersetzung erschien im Jahr 2007 beim Verlag Il Mulino.
[16] Vgl. Christiane Kohl, Der Himmel war strahlend blau. Vom Wüten der Wehrmacht in Italien, Wien 2004. Eine ähnliche Wirkung hatte das Fernsehinterview der Journalisten René Althammer und Udo Gümpel mit dem früheren SPD-Abgeordneten Klaus Konrad, der in langen Einlassungen seine Mitwirkung am Massaker von San Polo rechtfertigte.

„wer für die Tötung der 560 italienischen Zivilisten verantwortlich ist. Wahrscheinlich handelt es sich hierbei um allgemeine Kriegsmaßnahmen und keine Verfolgungstatbestände [...], so daß schon aus diesem Grunde keine Möglichkeit für eine Hilfe im Wege der Wiedergutmachung bestehen dürfte. Außerdem wären die Wohnsitz- und Stichtagsvoraussetzungen nach BEG [Bundesentschädigungsgesetz] nicht gegeben. Im übrigen weise ich auf das globale Wiedergutmachungsabkommen mit Italien hin."[17]

Das – neben Marzabotto – schlimmste Beispiel des nationalsozialistischen Kriegs gegen die Zivilbevölkerung in Italien, verübt von Angehörigen der 16. Panzergrenadierdivision der Waffen-SS, wird hier entweder als möglicherweise gar nicht von deutschen Soldaten begangen in Frage gestellt oder als Kriegshandlung gewertet. Der Fall wurde als italienische Angelegenheit dargestellt, die mit den Wiedergutmachungszahlungen abgegolten sei – obwohl der Referent im Bundesfinanzministerium sehr wohl wusste, dass die deutschen Anstrengungen zur Einschränkung des Kreises der Anspruchsberechtigten für die Wiedergutmachung eindeutig auf eine Ausgrenzung der Opfer von Sant'Anna hinausliefen.

Als das Wiedergutmachungsabkommen von 1961 die deutsche Öffentlichkeit erreichte, gab es Kommentare, die in ihrer dreisten Ignoranz fast sprachlos machen: Ob sich die deutschen Verantwortlichen denn nicht schämten, die

„hinterlistige Tätigkeit und hinterlistige Morderei [der Partisanen] heute noch zu prämieren? Ich selber bin am 30. April 1945 in Italien von den Partisanen gefangen genommen worden. Mir wurden eigene Schuhe, Uhr, Ring etc. abgenommen und [ich] sollte erschossen werden. Ich verdanke es nur dem Umstand, daß ein Ami dazukam, daß ich heute noch lebe. Bitte melden Sie auch meine Wiedergutmachung bei der Bundesregierung an. Vielleicht sind in Deutschland noch mehrere, denen von den Partisanen Hab und Gut genommen wurde. Oder kann ich wirklich keine Wiedergutmachung bekommen, weil ich sechs Jahre ehrlicher Soldat war und kein Partisan, der aus dem Hinterhalt geschossen hat. [...] Wird ein Partisan höher bewertet als ein Soldat in Uniform?"

Ein anderer Zeitgenosse bemühte implizit den Vorwurf des italienischen „Verrats": „Wenn wir Deutschen nun jetzt noch diese Leute, die uns durch ihre Waffenübergabe Schaden an Leib und Leben

---

[17] Politisches Archiv des Auswärtigen Amts. B 81/355, Bundesfinanzministerium (gez. Zorn) an das Auswärtige Amt vom 19. 2. 1963.

zugefügt haben, honorieren, dann versteht man nichts mehr."[18] Angesichts dieser Stimmen überrascht es nur wenig, dass in der deutschen Fassung des berühmten Films „Paisà" (Regie Roberto Rossellini) über den Krieg in Italien eine Szene herausgeschnitten wurde, in der deutsche Soldaten italienische Partisanen erschießen.

4. Ausblick

Dieses Erbe hat Folgen, die bis heute fortwirken: Das politische Italien wird allzu oft gar nicht oder nur verzerrt wahrgenommen, von oben herab behandelt oder belächelt. Auch die italienische Geschichtswissenschaft tut sich schwer damit, nördlich der Alpen Gehör zu finden. Während große italienische Verlage seit langem dafür sorgen, dass wichtige Werke der deutschen Historiographie übersetzt werden, sind es auf deutscher Seite nur wenige, die sich um die Verbreitung von Studien aus der Feder italienischer Historiker bemühen. Und wenn im Fall Canfora gegenüber dem italienischen Altkommunisten offenbar der Reflex eines vierzigjährigen innerdeutschen Systemkonflikts zu einer Abwehrhaltung führt, dann erfährt genau diese Chance zur Rezeption – die ja durchaus Kontroversen bewirken kann und nicht nur zu Elogen führen muss – einen Rückschlag. Erwähnen sollte man in diesem Zusammenhang freilich auch, dass viele Vermittlungsprozesse von Süd nach Nord – und das stimmt hoffnungsvoll – über die Lektüre italienischer Belletristik ablaufen: Darüber wurden und werden in einfühlsamer Weise für Italien zentrale zeithistorische Themen bekannt gemacht; das gilt für die Bücher von Primo Levi und Giorgio Bassani ebenso wie für die Romane von Elsa Morante und Natalia Ginzburg. Mit den Werken von Rosetta Loy[19] und Aldo Zargani[20] hat auch die Verfolgung der italienischen Juden die nötige Aufmerksamkeit gefunden, lange bevor sich deutsche Historiker dieses Themas angenommen haben[21].

---

[18] Der Steuerzahler. Monatszeitschrift des Bundes der Steuerzahler 15 (1964) H. 9, S. 132f.
[19] Vgl. Rosetta Loy, Via Flaminia 21. Meine Kindheit im faschistischen Italien, München 2001.
[20] Vgl. Aldo Zargani, Für Violine solo. Jüdische Kindheit in Italien, Frankfurt a.M. 1998.
[21] Hier zeichnet sich in den letzten Jahren ein wichtiger Wandel ab. Neben den klassischen Studien von Klaus Voigt vgl. Thomas Schlemmer/Hans Woller, Der italienische Faschismus und die Juden 1922 bis 1945, in: VfZ 53 (2005), S. 165–201; Carlo Moos, Ausgrenzung, Internierung, Deportation. Antisemitismus und Gewalt im späten italienischen Faschismus (1938–1945), Zürich 2005.

Besonders positiv stimmt in den letzten Jahren die spürbare Intensivierung der wissenschaftlichen Kontakte zwischen Deutschland und Italien, aller Sprachbarrieren zum Trotz: Erasmusaufenthalte, Doktorandenprogramme, Dozentenaustausch, bi- oder multilaterale Forschungsprojekte entfalten hier ihre Wirkung[22]. So entstehen die eigentlichen Konvergenzen, auch wenn die Unterschiede in der Ausrichtung der historischen Forschung bestehen bleiben. Die italienische Geschichtswissenschaft ist nach wie vor stark geistes- und ideengeschichtlich orientiert. Sozialgeschichte bedeutet hier die enggeführte Analyse von Instrumenten und Entwicklungen des Sozialstaats. Der vielfach zu beobachtende Trend zur Kulturgeschichte erwächst nicht nur direkt aus einer nachhaltigen ideengeschichtlichen Prägung – einem späten Erbe nicht nur Benedetto Croces und des Idealismus[23], sondern vielleicht mehr noch der Schulreform Giovanni Gentiles von 1923[24] mit ihrer obligatorischen Verbindung von Geschichte und Philosophie am humanistischen Gymnasium. Diese Konstruktion wird erst seit einigen Jahren von kritischen italienischen Intellektuellen ernsthaft in Frage gestellt.

Die italienische Politik, soweit sie über das Theatralische und den schönen Schein hinausgeht, bleibt dem Betrachter nördlich der Alpen allerdings nach wie vor oft verschlossen; sie erscheint kryptisch, verschlüsselt, voller Anspielungen. Die öffentliche Diskussion, die sich an spektakulären Einzelbeispielen orientiert und nicht auf eine strukturierenden Gesamtsicht zielt, trägt ein Übriges zur Verwirrung bei. Hier kommt ein anderer Politik- und Verwaltungsstil zum Ausdruck[25] – eine andere Art zu denken und zu

---

[22] Auch das DHI Rom wirkt über ein Postdoc-Stipendium für italienische Kollegen, Veröffentlichungen in italienischer Sprache und eine neue Reihe (Ricerche dell'Istituto storico germanico di Roma) verstärkt in die italienische Wissenschaftslandschaft hinein. Der erste der Zeitgeschichte gewidmete Band dieser neuen Reihe stammt von Nicola D'Elia, Delio Cantimori e la cultura politica tedesca (1927–1940), Roma 2007; in Vorbereitung befindet sich ein Band mit den von Ruth Nattermann bearbeiteten Tagebüchern des Diplomaten Luca Pietromarchi aus den Jahren 1938 bis 1940.
[23] Vgl. Karl-Egon Lönne, Benedetto Croce als Kritiker seiner Zeit, Tübingen 1967 (Bibliothek des Deutschen Historischen Instituts in Rom, Bd. 28).
[24] Vgl. Jürgen Charnitzky, Die Schulpolitik des faschistischen Regimes in Italien 1922–1943, Tübingen 1994 (Bibliothek des Deutschen Historischen Instituts in Rom, Bd. 79).
[25] Dies spiegelt sich auch in der italienischen Aktenüberlieferung mit ihren vielen Spezialakten und wenigen Generalia wider.

diskutieren, eine andere kulturelle Praxis, deren Dechiffrierung Expertise braucht und kein vorschnelles oder gar höhnisches Urteil verträgt. Erst dann können Wahrnehmungsstörungen und kulturelle Belastungen dauerhaft abgebaut werden.

Christof Dipper
Dialog und Transfer als wissenschaftliche Praxis

Die Arbeitsgemeinschaft für die Neueste Geschichte Italiens

1. Gründung und Aufgaben

Die Gründung der Arbeitsgemeinschaft für die Neueste Geschichte Italiens im Jahr 1974 war ein gezielter wissenschaftspolitischer Akt Wolfgang Schieders gemeinsam mit Jens Petersen und in Abstimmung mit dem damaligen Direktor des Deutschen Historischen Instituts (DHI) in Rom, Reinhard Elze. Er sollte erstens Elze den Rücken stärken und beweisen, dass die 1971 getroffene Entscheidung, im Institut eine Planstelle für die neueste italienische Geschichte einzurichten, richtig war. Zweitens sollte nach außen hin dokumentiert werden, dass es inzwischen auch deutsche Italienspezialisten gab, die nicht das Mittelalter oder allenfalls die Frühe Neuzeit erforschen, sondern Zeitgeschichte, genauer: den Faschismus. Die Hoffnung Schieders und Petersens, dass die moderne Italienforschung auf Dauer die international sichtbarere sein würde, sollte sich bestätigen. Davon profitiert auch das DHI Rom selbst in hohem Maße. Die Zusammenarbeit mit der AG Italien ist daher denkbar eng und reibungslos.

Unmittelbares Ziel der Arbeitsgemeinschaft war es, mit möglichst geringem Verwaltungsaufwand Historiker, Politologen und Vertreter anderer Nachbarwissenschaften mit Interesse an italienischer Zeitgeschichte zusammenzubringen und zu motivieren, dieses Interesse an ihre Schüler weiterzugeben. Deshalb ist die AG Italien kein Verein; Wahlen und förmliche Mitgliedschaft sind unbekannt. Es gibt einfach einen Vorsitzenden, der mit seinem Sekretariat die Dinge organisiert und fallweise Meinungsbilder erstellt. Dass daraus eine Anlaufstelle für Auskünfte wird, ist vor allem dem Internet geschuldet. Die selbstverordneten Aktivitäten beschränken sich jedoch auf Tagungen sowie die Herausgabe und Verteilung der „Bibliographischen Informationen" (BI). Diese kann man abonnieren; die so entstandene und laufend fortgeschriebene Adressendatei dient dem Zweck, den Kern derer zu identifizieren, die dauerhaft mit italienischer Zeitgeschichte befasst sind.

Die „Bibliographischen Informationen", von denen inzwischen die Nr. 123 vorliegt[1], sind die wichtigste Serviceleistung der AG Italien, die sie zugleich auf Dauer stellen[2]. Am Anfang dienten sie dem Direktor des DHI Rom auch als Nachweis für die Richtigkeit seiner Entscheidung, dass sich das Institut neunzig Jahre nach seiner Gründung der italienischen Zeitgeschichte geöffnet hat. Es war bis dato eine Bastion der mittelalterlichen Papst- und damit zugleich der Reichsgeschichte gewesen, die jedoch immer weniger Interessenten fand – ein Trend, der bis heute anhält.

2. Die „Bibliographischen Informationen"

Die 1974 erstmals erschienenen „Bibliographischen Informationen" hatten und haben aber keineswegs nur taktische Bedeutung. Sie erwiesen sich im Gegenteil sofort als ein unverzichtbares Informationsorgan über Neuerscheinungen in italienischer Sprache. Denn nicht nur war die italienische Verlagslandschaft mangels Grossisten oder eines schlagkräftigen Dachverbands höchst unübersichtlich. Hinzu kam, dass damals auch die *Bibliografia storica nazionale*, die bei weitem nicht in allen deutschen Universitätsbibliotheken zu haben war, regelmäßig mit mehrjähriger Verspätung erschien. Mit der *Bibliografia Nazionale Italiana* verhielt es sich nicht anders, und der *Catalogo dei libri in commercio* war (und ist) schon deswegen nicht sehr hilfreich, weil es zum Kennzeichen der italienischen Wissenschaftslandschaft gehört, dass vieles gar nicht im Buchhandel erscheint. Die BI haben aber den Ehrgeiz, auch die sogenannte graue Literatur zu verzeichnen. So fiel die Entscheidung für das Projekt der BI genau zum richtigen Zeitpunkt. Es ist auch im Zeichen elektronischer Kataloge nicht überflüssig geworden.

Das Unternehmen war in mehrfacher Hinsicht kühn. Erstens verpflichtete sich das DHI Rom mit der Publikation eines Verzeichnisses aktueller Bücher zu einer ganz neuartigen Dienstleistung; kein anderes auslandshistorisches Institut hat seither einen vergleichbaren Schritt gewagt. Zweitens war der Arbeitsaufwand

---

[1] Der vollständige Titel lautet gegenwärtig: Bibliographische Informationen zur neuesten Geschichte Italiens/Informazioni bibliografiche sulla storia contemporanea italiana, begr. von/fondate da Jens Petersen, hrsg. von/a cura di Lutz Klinkhammer, Redaktion/Redazione: Gerhard Kuck und Susanne Wesely, Deutsches Historisches Institut in Rom/Istituto Storico Germanico di Roma – Arbeitsgemeinschaft für die neueste Geschichte Italiens/Gruppo di studio per la storia contemporanea italiana.
[2] Den unregelmäßig versandten Rundbriefen kommt diese Funktion, wie noch zu zeigen sein wird, nicht zu.

für die Erhebung der Titel zunächst nur ungefähr abzusehen; er stellte sich als gewaltig heraus, und daran hat sich bis heute nichts geändert. Drittens war natürlich nicht bekannt, wie das Publikum reagieren würde. Die Resonanz übertraf alle Erwartungen und trägt heute den Ruf des DHI Rom weit über die Grenzen des deutschen und italienischen Kulturraums hinaus. Noch immer eilen die BI den offiziellen italienischen Bibliographien voraus, weshalb sie derzeit (Stand 2007) von mehr als fünfzig Bibliotheken und Forschungsinstituten abonniert werden, darunter 32 deutschen und 14 italienischen.

Der Titel hält, was er verspricht. Die BI liefern nicht nur die üblichen bibliographischen Angaben, sondern darüber hinaus in allen Fällen, in denen das möglich ist, das Inhaltsverzeichnis oder einen kurzen Kommentar. Vor allem für Sammelbände ist dies außerordentlich nützlich. Ferner vermerken sie die Quelle, aus der die Informationen stammen, und enthalten nicht zuletzt den Hinweis, ob das Buch in der Bibliothek des DHI Rom erhältlich ist. Die laufende Numerierung erlaubt Rückverweise auf verwandte Titel oder andere Zusammenhänge. Dass die Titel sachsystematisch beziehungsweise chronologisch verzeichnet sind, versteht sich von selbst. Ein Register schließt jedes Heft ab. Die Beschaffung dieser Angaben ist aufwändig, und nicht von ungefähr gehört die Arbeit an den BI zu den schriftlich festgelegten Dienstpflichten des jeweiligen Referenten für Zeitgeschichte – seit 1999 ist das Lutz Klinkhammer – am DHI.

Die in Rom zusammengestellten Listen gehen an den Vorsitzenden der AG Italien, der sie mit Hilfe seines Sekretariats drucken lässt und anschließend verschickt. Seit 2007 werden die Hefte – sie erscheinen dreimal jährlich – im Regelfall als PDF-Datei verteilt. Nur Bibliotheken und das DHI Rom, das inzwischen das Gros der Auflage selbst abnimmt und damit seine wissenschaftlichen und Tauschbeziehungen pflegt, erhalten noch eine gedruckte Version. Eine in Rom angesiedelte Datenbank, die die seit 1999 elektronisch erfassten Buchtitel enthält, ist geplant. Man wird dann endlich ohne großen Aufwand auch in den früheren Nummern der BI recherchieren können. Die Druckauflage beträgt derzeit 290 Stück, circa zwanzig davon gehen an Einzelpersonen in ganz Europa und Nordamerika. Zusammen mit den Empfängern der elektronischen Versandform stellen sie, so darf man vermuten, den Kern der über die AG Italien erfassten Italienhistoriker dar.

3. Storia e Critica

Bei *Storia e Critica* handelte es sich um einen von 1979 bis 1999 erschienenen Informationsdienst[3], der ganz mit der Person von Jens Petersen verbunden war. Seine Bezieher erhielten dank der in Fotokopie reproduzierten Zeitungsartikel unmittelbare Kenntnis der wichtigsten wissenschaftlichen Auseinandersetzungen, Kongresse und Gedenkveranstaltungen sowie sonstiger erinnerungs- oder geschichtspolitischer Ereignisse. Das war lange Zeit eine unverzichtbare Hilfestellung, weil die kulturellen und wissenschaftlichen Eliten Italiens ihre Meinungsverschiedenheiten vorzugsweise in Tageszeitungen auszutragen pflegten, so dass nur die regelmäßige Lektüre der Feuilletons aller maßgeblichen Blätter über den jeweiligen Stand des historiographischen Diskurses Auskunft gab. Aber abgesehen davon, dass das Sammeln und Bearbeiten dieser Artikel auf Dauer selbst die scheinbar unbegrenzte Arbeitskraft Petersens überstieg – das DHI Rom vervielfältigte, band und versandte die Hefte alleine (und kostenlos) –, verschlechterte sich auch das Verhältnis von Aufwand und Ertrag infolge der Krise der italienischen Universitäten und mehr noch der Zeitungen von der zweiten Hälfte der achtziger Jahre an. An einem bestimmten Punkt hat dann auch das Internet einem solchen Informationsdienst starke Konkurrenz gemacht[4]. Inzwischen existiert ein Zusammenschluss der italienischen Zeithistoriker, die *Società Italiana per lo Studio della Storia Contemporanea* (SISSCO), die außerordentlich rührig ist und ein Stück weit den historiographischen Diskurs ins Innere der Wissenschaft zurückverlegt hat[5]. Für zwanzig Jahre aber erlaubte *Storia e Critica* ihren Beziehern einen unmittelbaren Blick auf die zerklüftete Landschaft der italienischen Zeitgeschichte beziehungsweise die Auseinandersetzungen darüber, wie er Interessierten im Ausland niemals zuvor vergönnt war, und noch heute enthalten die Hefte eine Fülle von Quellen, die für die Wissenschaftsgeschichte jener bewegten Zeit unentbehrlich sind.

---

[3] Der vollständige Titel lautet: Storia e critica: Die italienische Zeitgeschichte im Spiegel der Tages- und Wochenpresse. Zur Information der Mitglieder der Arbeitsgemeinschaft für die Neueste Geschichte Italiens zusammengest. und hrsg. von Jens Petersen, Rom (DHI), Heft 1 (1979) – H. 84 (1999); ein bis 1985 reichendes Register erschien 1986.

[4] Das Italienportal www.historicum.net/laender/italien bietet viele Links zu Institutionen, einen Überblick über aktuelle Debatten findet man dagegen schwerlich.

[5] Vgl. www.sissco.it.

4. Tagungen

Zu den Aufgaben der AG Italien gehörte von Anfang an die Organisation von Tagungen, die in der Regel alle zwei Jahre stattfinden. Die Festlegung der Themen basiert auf Umfragen unter den Mitgliedern und Auskünften des DHI Rom, das naturgemäß den vollständigsten Überblick über laufende Forschungen besitzt. Denn darum vor allem geht es: Die Arbeitsgemeinschaft möchte in erster Linie dem Nachwuchs ein Forum bieten, das eigene Projekt Experten vorzustellen. Deshalb gibt es in der Regel keine Tagungsbände[6]. Das DHI Rom lädt regelmäßig prominente italienische Kolleginnen und Kollegen zu diesen Tagungen nach Deutschland ein, die nicht unbedingt selbst einen Vortrag halten, sondern die Referate anderer kommentieren und überhaupt als Ratgeber und Ansprechpartner fungieren sollen. Auf diese Weise kam inzwischen praktisch die gesamte Prominenz der italienischen Zeithistoriker (mit der bemerkenswerten Ausnahme Enzo Collottis, der allen Einladungen widerstand) zu den Tagungen der AG Italien, die zunächst dreizehn Jahre in Trier stattfanden, dann – verbunden mit dem Wechsel Wolfgang Schieders – in Köln und seit 2004 schließlich in Berlin[7]. Die finanziellen Mittel dazu kommen vor allem von Stiftungen, doch gewähren Institutionen, die am Tagungsort ansässig sind, ebenfalls Zuschüsse.

Bei den Tagungen der Arbeitsgemeinschaft halten sich sach- und epochengeschichtliche Themen die Waage. Ein leichtes Übergewicht hat das 20. Jahrhundert, und hier natürlich die Zeit des Faschismus, wie es den Forschungspräferenzen nicht nur der beiden Gründer entspricht. Am inzwischen schon wieder abgeklungenen Aufschwung der italienischen Risorgimentoforschung beteiligten sich die Mitglieder der Arbeitsgemeinschaft ebenfalls häufig[8], aber nur einmal wagten sie einen Ausflug über die selbstgesteckte historische Zäsur hinaus ins *Settecento* und die Zeit der Revolution.

---

[6] Einzige Ausnahme ist: Jens Petersen/Wolfgang Schieder (Hrsg.), Faschismus und Gesellschaft in Italien. Staat, Wirtschaft, Kultur, Köln 1998.
[7] 1992 lud das *Istituto Storico italo-germanico* die AG Italien nach Trient ein. Wie zu erwarten gewesen war, blieb der wissenschaftliche Nachwuchs aus Deutschland dieser Tagung weitgehend fern.
[8] Hinzuzurechnen wäre noch die nach demselben Muster im Jahre 2001 abgehaltene römische Tagung über die Risorgimentoforschung des deutschen wissenschaftlichen Nachwuchses, deren Beiträge im Druck vorliegen: La ricerca tedesca sul Risorgimento italiano. Temi e prospettive, hrsg. von Andrea Ciampani und Lutz Klinkhammer, Rom 2000 (Rassegna storica del Risorgimento 88 (2001), Supplementband).

Die AG Italien passt sich somit der in Italien gebräuchlichen Periodisierung an, die Zeitgeschichte mit dem Jahr 1800 beginnen zu lassen, verteilt jedoch die Gewichte erkennbar anders als die italienische Forschung. Rezeptionstheorie und Transferforschung könnten das näher erklären. Hier soll stattdessen das Augenmerk auf zwei andere Entwicklungen gelegt werden, die erkennen lassen, dass die AG Italien nicht von den allgemeinen Trends im Wissenschaftsleben abgekoppelt ist. Erstens belegen die Tagungsprogramme, dass längst auch der *cultural turn* in zahlreichen Facetten Einzug in die deutsche Italienforschung gehalten hat. Das erklärt ein Stück weit, weshalb inzwischen zweitens auch Forscherinnen regelmäßig mit Beiträgen vertreten sind; sie fehlten in den Anfangsjahren fast ganz. Nicht zuletzt zeigen die von den Universitäten beziehungsweise der Europäischen Gemeinschaft organisierten Austauschprogramme inzwischen erkennbare Wirkung: Es häufen sich nicht nur die Fälle, in denen das Interesse an der italienischen Geschichte auf diese Weise und nicht mehr wie früher von den akademischen Lehrern geweckt worden ist; auch die Sprachkenntnisse dieser Generation sind denen der älteren in der Regel deutlich überlegen.

Der Kern der AG Italien umfasst siebzig bis neunzig Personen[9]. Es wäre ein Irrtum zu glauben, sie kämen ausschließlich aus Deutschland. Die Internationalität ist ausgesprochen hoch, wie ein Vergleich mit anderen transnational angelegten Arbeitsgemeinschaften zeigt. Alle Deutschsprachigen zusammen machen knapp drei Viertel aller Mitglieder aus. Nahezu 20 Prozent kommen aber aus Italien, der Rest – in dieser Reihenfolge – aus Dänemark, Frankreich, Polen, den Benelux-Staaten, Großbritannien und den USA. Interpretationsbedürftig ist naturgemäß die große Zahl der Italiener. Der Idee nach handelt es sich bei der AG Italien ja nicht um eine binational angelegte Organisation mit paritätischem Anspruch. Die italienischen Mitglieder fanden wohl mehrheitlich von alleine den Weg zur Arbeitsgemeinschaft, was bedeutet, dass ihr wissenschaftliches Interesse (auch) Deutschland gilt. Sie sind also, teilweise jedenfalls, Deutschlandspezialisten und zugleich Komparatisten. Für die AG Italien ist dies ein Glücksfall, denn sie findet so nicht nur

---

[9] Der Status jener mehr als vierzig Personen, die nur den Rundbrief des Vorsitzenden erhalten (wollen), ist dagegen uneinheitlich. Das Spektrum reicht vom Emeritus bis zu jenen, die der Italienforschung, ja überhaupt der Wissenschaft Valet gesagt haben, um anderswo ihr Geld zu verdienen, aber Kontakt halten möchten. Insofern nimmt dieser Brief zunehmend den Charakter eines Alumni-Organs an.

leicht beider Sprachen mächtige Kommentatoren, sondern kann sich auch bei anderen Fragen und Problemen der Hilfe ihrer gewissermaßen doppelt kompetenten Mitglieder sicher sein.

5. Erträge

Versucht man nach dreißig Jahren eine Bilanz zu ziehen, so wird man Folgendes feststellen können: Am auffälligsten ist die Quantität. Die Zahl der Mitglieder übersteigt alles 1974 Erwartbare, denn insgesamt erreichte die Arbeitsgemeinschaft trotz ihrer bescheidenen Mittel inzwischen mehrere hundert Personen im In- und Ausland. Eine zeitgeschichtliche Italienforschung hat es zwar schon immer gegeben, aber lange spielte sie lediglich eine marginale Rolle. Nun hat sie einen Umfang erreicht, der sogar zur Gründung zweier wissenschaftlicher Buchreihen geführt hat; dazu unten mehr.

Wo liegen die Ursachen für diese Entwicklung? Vorausgeschickt sei eine Reihe von Ausschlussgründen. Erstens dürften die wissenschaftlichen Motive der beiden Gründer der Arbeitsgemeinschaft hier außer Betracht bleiben, denn sie können die Motivation so vieler, oft junger Fachkollegen beziehungsweise die Attraktivität des italienischer Themen nicht erklären. Ausgeschlossen werden muss erst recht die bekannte Tatsache, dass sich Deutsche seit mehr als zwei Jahrhunderten in besonderer Weise zu Italien hingezogen fühlen, denn die Liebe der *Italianisants* gilt in der Regel nicht dem aktuell und real vorfindbaren Italien; letzten Endes suchen sie dort vor allem zu sich selbst zu kommen. Ausgeschlossen werden muss bedauerlicherweise auch die Einwanderung hunderttausender Italiener seit den fünfziger Jahren, denn ein auffallendes Merkmal dieser Immigrantengruppe ist ihre Bildungsferne[10]. Kinder italienischer Einwanderer sind daher unter den deutschen Italienhistorikern eine große Seltenheit. Ausgeschlossen werden muss weiterhin auch die Annahme, an deutschen Universitäten habe sich im fraglichen Zeitraum eine historische Italienforschung institutionalisiert. Es gibt in Deutschland, anders als in Italien für die Geschichte unseres Landes, derzeit keine Professur, die explizit der italienischen Geschichte gewidmet ist; eine gewisse Ausnahme bildet die Ludwig-Maximilian-Universität in München, die vor einigen Jahren einen Lehrstuhl für Neueste Geschichte und Zeitgeschichte mit einem Schwerpunkt auf der Geschichte Südeuropas

---

[10] Näheres dazu bei Gustavo Corni/Christof Dipper (Hrsg.), Italiani in Germania tra Ottocento e Novecento. Spostamenti, rapporti, immagini, influenze. Bologna 2006.

ausgeschrieben und besetzt hat[11]. Italienforschung bleibt also stets „Nebentätigkeit". Um so bedeutsamer ist es deshalb, dass gegenwärtig in der Bundesrepublik ein knappes Dutzend Professorinnen und Professoren zur neuesten Geschichte Italiens forscht; in den letzten zehn bis fünfzehn Jahren hat diese Tendenz zum Glück zugenommen. Ausgeschlossen werden muss schließlich die Annahme einer wie auch immer gearteten Förderung durch den italienischen Staat. Die G 8-Nation hat es bisher nicht vermocht, die in modernen Industriestaaten üblichen Programme zur Förderung von Spitzenforschung – Stipendien, Gastprofessuren, Wissenschaftskollegs und andere Einladungsprogramme – zu etablieren. Man beschränkt sich auf auswärtige Kulturpolitik, und es ist ein Glücksfall, dass das größte aller italienischen Kulturinstitute, das in Berlin, bis heute stets von profilierten Deutschlandkennern geleitet worden ist.

Nicht auszuschließen ist als Ursache die verbreitete Vorstellung einer deutsch-italienischen Parallelgeschichte[12]. Auch wenn dies ein, allerdings unausrottbares, Vorurteil ist, bieten Geleitworte, Einleitungen und andere Beiträge hinreichend Belege für seine Präsenz auch in Wissenschaftlerkreisen. Die Mitglieder der AG Italien liefern jedoch, wenn nicht alles täuscht, keine Beiträge zu dieser irrigen These, und keine Tagung hat je den Vergleich zum Thema gemacht.

Stattdessen muss man das gewachsene Interesse am gegenwärtigen Italien wohl im Zusammenhang mit der Linksverschiebung der intellektuellen Kultur in Deutschland seit den sechziger Jahren sehen. Mit Dirk Schümer kann man Italien als ein Laboratorium der Moderne bezeichnen[13]. Der Einfluss der italienischen Kultur nahm seit 1950 weltweit zu, und dieser Prozess rief zweifellos ein wachsendes Interesse an der neuesten Geschichte dieses Landes hervor. Nahezu ganz verschwunden ist dagegen die konventionelle Geistesgeschichte, die lange Zeit die Beschäftigung mit dem neu-

---

[11] Dazu mehr im Beitrag von Thomas Schlemmer.
[12] Gegen die Annahme einer Parallelgeschichte bezogen zuletzt Stellung Christof Dipper, Ferne Nachbarn. Aspekte der Moderne in Deutschland und Italien, in: ders. (Hrsg.), Deutschland und Italien 1860–1960. Politische und kulturelle Aspekte im Vergleich, München 2005, S. 1–28, sowie Gian Enrico Rusconi/Hans Woller (Hrsg.), Parallele Geschichte? Italien und Deutschland 1945–2000, Berlin 2006. Die ältere These verteidigt Renato Cristin (Hrsg.), Vie parallele. Italia e Germania 1944–2004/Parallele Wege. Italien und Deutschland 1944–2005, Frankfurt a.M. 2005.
[13] Vgl. Dirk Schümer, Mamma mia, es ist ein Wunder!, in: Frankfurter Allgemeine Zeitung (Beilage „Bilder und Zeiten") vom 14.7.2007.

zeitlichen Italien dominierte. Statt dessen befasste man sich mit Herrschaft und Gesellschaft zunächst aus der Perspektive der politischen Sozialgeschichte, neuerdings auch mit dem Instrumentarium der modernen Kulturgeschichte. Die Tagungen der Arbeitsgemeinschaft belegen deutlich, dass ihre Mitglieder vornehmlich diesen Zugängen zum Gegenstand Italien verpflichtet sind. Zwischen dem allgemeinem Trendwechsel und dem Wachstum der Arbeitsgemeinschaft besteht demnach ein Zusammenhang.

Das erklärt auch die bereits erwähnte Gründung zweier Buchreihen zur neuesten italienischen Geschichte. Den Vorreiter machte der Peter Lang-Verlag mit der Reihe „Italien in Geschichte und Gegenwart", die 1995 von dem Hamburger Politologen Günter Trautmann ins Leben gerufen worden ist. Seit seinem frühen Tod teilen sich Luigi Vittorio Graf Ferraris, einst italienischer Botschafter in Bonn, der Rechtsprofessor Erik Jayme und der Historiker Hartmut Ullrich die Herausgeberschaft. Diese Reihe mit ihren inzwischen 27 Bänden ist eher politikwissenschaftlich orientiert und möchte besonders Gegenwartsanalysen liefern. Neuerdings enthält sie auch Titel zu Kunst und Literatur.

Seit 1996 erscheint im Kölner SH-Verlag die Reihe „Italien in der Moderne", die ebenfalls vornehmlich Dissertationen publiziert. Schon durch ihre Gründungsherausgeber ist sie eng mit der AG Italien verflochten, aber natürlich steht sie allen Autoren guter Manuskripte offen. Um die Reichweite zu vergrößern, stießen 2006 nach dem Ausscheiden Petersens zu den verbleibenden Herausgebern Schieder und Dipper einschlägig ausgewiesene Vertreter der nächsten Generation hinzu: Petra Terhoeven, Oliver Janz und Sven Reichardt. Inzwischen ist der 14. Band erschienen, weitere sind in Vorbereitung. Die beiden Buchreihen haben übrigens der vom DHI Rom herausgegebenen „Bibliothek des Deutschen Historischen Instituts in Rom" keine Konkurrenz gemacht. Es war im Gegenteil so, dass sich das DHI seit den neunziger Jahren gar nicht mehr dazu in der Lage sah, alle in Frage kommenden Manuskripte zu veröffentlichen. Kaum eine andere Tatsache belegt derart handgreiflich das gestiegene Interesse an der neuesten Geschichte Italiens.

Die AG Italien unterscheidet sich zum Teil erheblich von vergleichbaren Zusammenschlüssen: Sie ist service-orientiert, international, informell – von geradezu postmoderner Anmutung. Am anderen Ende der Skala steht das Deutsch-Französische Historikerkomitee, das – binational, politiknah und ordinarienfixiert – schon den Beitritt an hohe Hürden knüpft. Der sichtbare Ertrag steht in keinem Verhältnis zum organisatorischen Aufwand, und wer sich einfach für französische Geschichte interessiert, ist hier womöglich fehl am Platze. Die überwiegend politikgeschichtlichen Tagungsthemen machen den Eindruck, als seien sie diplomatisch ausgehandelt. Den Mittelweg beschreitet der Arbeitskreis Deutsche Englandforschung, der sich ebenfalls als Vorfeldorganisation eines Deutschen Historischen Instituts versteht, Tagungen sowie eine Buchreihe organisiert und neuerdings sogar einen Dissertationspreis vergibt. Die Politikwissenschaftler, schon an der Gründung führend beteiligt, spielen hier eine große Rolle. Neben diesem Arbeitskreis besteht in Coburg die Prinz Albert-Gesellschaft. In ihrer Nähe zur Politik ist sie ohne Beispiel, stellt sie sich doch unter das Patronat des Herzogs von Edinburgh und möchte satzungsgemäß die deutsch-britischen Beziehungen fördern. Ihr Programm reicht dementsprechend von der Kulturpolitik bis zum Doktorandentraining. Aufwändige Begleitprogramme und üppige Tagungsbände lassen erkennen, dass reichlich Geld vorhanden ist.

Wie geht es mit der Arbeitsgemeinschaft weiter? Zwei wissenschaftspolitische Aufgaben stehen im Vordergrund. Die erste verlangt von der AG Italien, dass der anstehende Generationenwechsel gelingt – nicht nur an der Spitze, sondern vor allem, was den wissenschaftlichen Nachwuchs angeht. Damit ist zugleich die zweite Aufgabe angesprochen. Sie zu bewältigen ist schwieriger, denn sie fällt nicht in die Kompetenz der Arbeitsgemeinschaft, betrifft sie aber wie viele andere Organisationen geisteswissenschaftlicher Forschung. Der in Deutschland derzeit diskutierte, teilweise sogar schon im Gange befindliche Wandel der Promotionsförderung hin zu programmgesteuerten Graduiertenschulen begünstigt aus hier nicht zu erörternden Gründen den *mainstream*. Im bisherigen System der klassischen Promotion mit ihrer freien Wahl des Untersuchungsgegenstands war die Entscheidung für ein Außenseiterthema – und darunter fallen angesichts der anhaltenden Vormachtstellung nationaler Themen im Bereich der neuesten Geschichte naturgemäß Arbeiten über ausländische Sujets, vor allem wenn sie erst einmal den Erwerb einer Fremdsprache voraussetzen – kein Problem. Universitäten und Deutsche Forschungsgemeinschaft favorisieren aber zunehmend Programmforschung und lenken entsprechend die Mittel zu den Empfängern, die sich solche Programme zu eigen machen. In den Natur- und Ingenieurwissenschaften ist das schon lange der Fall – mit der Wirkung übrigens, dass alle paar Jahre ein Aufschrei ertönt, über dieses oder jenes hochwichtige Problem gebe es keine aktuellen Forschungsergebnisse. Die Geisteswissenschaften müssen deshalb die freie Promotion mit Nachdruck verteidigen. Nur so ist sichergestellt, dass auch in Zukunft Dissertationen zu Außenseiterthemen geschrieben werden und die Italienforschung weiterhin ihr quantitatives und qualitatives Niveau halten kann, das sie gegenwärtig auszeichnet.

Die letzte Bemerkung gilt dem Leitgedanken des Sammelbands, Gian Enrico Rusconis These von der schleichenden Entfremdung zwischen Deutschland und Italien. Inwieweit sie eine politische Tatsache ist, geschuldet der gegensätzlichen Entwicklung der beiden Länder seit 1990, kann hier nicht diskutiert werden. Der vorstehende Beitrag dürfte jedoch auch die Zweifler überzeugt haben, dass im Bereich der Geschichtswissenschaft von Entfremdung keine Rede sein kann. Das Gegenteil ist der Fall. Niemals waren die Beziehungen auf diesem Gebiet so eng wie in der Gegenwart, niemals zuvor hat die neueste Geschichte Italiens solche Aufmerksamkeit erfahren. Das ist nicht nur eine Folge der wachsenden Zahl von Historikern, die nichts über Themenpräferenzen aussagt. Deshalb sei noch einmal die These von Italien als dem Laboratorium der Moderne wiederholt. Moderne ist hier selbstverständlich wertfrei gedacht. Nicht nur die Leistungen, auch alle Krisen und Fehlentwicklungen sind Bestandteil dieser Moderne. Vielleicht ist den vielen Deutschen, die das moderne Italien untersuchen, nur nicht bewusst, dass auch für sie gilt, was Karl Marx seinem ungläubigen bürgerlichen Publikum zugerufen hat: *De te fabula narratur.*

Zeitgeschichte im Gespräch

Von Feldherren und Gefreiten

Zur biographischen Dimension des Zweiten Weltkriegs

Herausgegeben von
Christian Hartmann

2008 | 129 S. | Br. | € 16,80
ISBN 978-3-486-58144-7
Zeitgeschichte im Gespräch
Bd. 2

Kein militärischer Konflikt hat so viele Menschen mobilisiert wie der Zweite Weltkrieg. Schon allein deshalb fällt es nicht leicht, einzelne Personen im Blick zu behalten, ihre Schicksale nachzuzeichnen und ihre Handlungsspielräume auszuloten, seien sie nun militärischer, politischer oder ethischer Natur. Die Beiträge dieses Bandes fassen aktuelle Forschungsergebnisse zum Verhältnis von Biographie, Ereignis und Struktur zusammen und geben neue Einblicke in die Geschichte des Zweiten Weltkriegs.

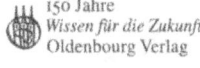

150 Jahre
Wissen für die Zukunft
Oldenbourg Verlag

oldenbourg.de

Bestellungen über den Buchhandel oder direkt: verkauf@oldenbourg.de

Oldenbourg

Thomas Schlemmer
Das dichte Netz
Universitäten und Forschungseinrichtungen am Beispiel Münchens

1. Kommunikative Verdichtung als historischer Prozess

Brückenköpfe oder Ankerplätze wie das Deutsche Historische Institut in Rom und Netzwerke wie die Arbeitsgemeinschaft für die Neueste Geschichte Italiens haben die Entwicklung der deutsch-italienischen Beziehungen auf dem Feld der Historiographie entscheidend geprägt. Doch das ist nur die eine, sozusagen außerordentliche Seite der Medaille. Die andere zeigt das Tagesgeschäft an Hochschulen und anderen Forschungseinrichtungen, die sich nicht speziell oder ausschließlich mit Italien oder den deutsch-italienischen Beziehungen beschäftigen. Ich möchte das bisher gezeichnete Bild um eine – wie ich glaube – wichtige Facette ergänzen und danach fragen, wie es um den Austausch zwischen den beiden Ländern und das Interesse an der italienischen Geschichte in einem akademischen Zentrum wie München bestellt ist. München bietet sich als Beispiel nicht nur aus arbeitsökonomischen Gründen oder wegen des Klischees an, die bayerische Landeshauptstadt sei der nördlichste Außenposten Italiens, sondern vor allem deshalb, weil München in der deutschen Wissenschaftslandschaft eine herausgehobene Rolle einnimmt. Das trifft nicht zuletzt für die historische Forschung zu; abgesehen von Berlin findet man in keiner deutschen Stadt eine solche Konzentration von universitärer und außeruniversitärer Forschung, von Archiven, Bibliotheken, Museen und Wissenschaftsverlagen. In einem solchen Umfeld müssten sich also Indikatoren für oder gegen die These von der schleichenden Entfremdung in den neunziger Jahren finden lassen – und hoffentlich auch genügend Belege für meine These, dass von einer solchen Entfremdung im Bereich der Geschichtswissenschaft keine Rede sein kann, wohl aber von einen Prozess der kommunikativen Verdichtung.

Unter kommunikativer Verdichtung ist eine Entwicklung zu verstehen, die auf verstärkten direkten Kontakten beruht und so zu einem spürbaren Zuwachs an Wissen, Erfahrungen und Urteilskraft führt. Damit verbunden ist auch ein Zuwachs an kritischem Potential, denn wer selbst um die Verhältnisse in einem anderen Land weiß, der ist weniger von den nicht selten persönlichen oder politischen Motiven folgenden Artikeln journalistischer Meinungsführer abhängig, weitgehend immun gegen das Gift bösartiger nationaler Vorurteile und damit auch gelassener, wenn in der nachrichtenarmen Saure-Gurken-Zeit wieder einmal eine unbedachte Äußerung zum Skandal hochgeschrieben oder berechtigte Kritik mit verletzter Gereiztheit gekontert wird[1]. Die kommunikative Verdichtung stärkt formelle wie informelle Netzwerke gleichermaßen und beruht vor allem auf zwei Voraussetzungen: der fortschreitenden europäischen Integration, die gerade in den letzten beiden Jahrzehnten Barrieren niedergerissen und den Austausch gefördert hat, sowie auf immer schnelleren Methoden der Telekommunikation, die räumliche Entfernung in persönlichen wie beruflichen Beziehungen zunehmend in den Hintergrund treten lassen. Von der kommunikativen Verdichtung profitieren insbesondere die mobilen, gut ausgebildeten Vertreter der jungen Generation, die diesen Prozess zugleich weiter vorantreiben.

Nicht wenige Repräsentanten dieser Generation, die man auch treffend als „Generation Erasmus" bezeichnet hat[2], werden in naher Zukunft führende Positionen in Politik, Wirtschaft und Gesellschaft bekleiden – und, sofern es sich um Italienerinnen und Italiener handelt, die einen Teil ihres Studiums in Deutschland absolviert haben, haben sie insbesondere Knotenpunkte von Bildung und Forschung wie Berlin, Köln oder München kennengelernt. Schon dieser Befund ist Grund genug dafür, einen kurzen Blick auf die Rolle Münchens als Plattform für diese Entwicklung zu werfen und zugleich nach dem Verhältnis der postulierten kommunikativen Verdichtung und der behaupteten schleichenden Entfremdung zwischen Italien und Deutschland zu fragen.

2. München als deutsch-italienischer Knotenpunkt

Beginnen wir mit den beiden Münchner Universitäten und werfen wir zunächst einen Blick auf die Studentenzahlen. An der Ludwig-Maximilians-Universität zählt man derzeit rund 47 000 Studierende, von denen 17 Prozent nicht aus Deutschland stammen. Anfang der neunziger Jahren umfasste die italienische „Gemeinde" zwischen

---

[1] Vgl. Der Spiegel vom 10.12.2007: „Weiße Weste für die Parallelwelt", und Süddeutsche Zeitung vom 8.1.2008: „Die Nazis und die Mafia".
[2] So Ulrike Stepp in ihrem Beitrag für diesen Band.

150 und 200 Studentinnen und Studenten; bis zum Ende der Dekade stieg diese Zahl auf rund 450 an, um dann wieder allmählich zurückzugehen, ohne freilich allzu stark abzufallen; 2006 waren knapp 350 Studierende mit italienischem Pass an der Ludwig-Maximilians-Universität eingeschrieben. Angesichts einer Gesamtzahl ausländischer Studierender, die knapp unter 8000 liegt, wirkt die Zahl der Italiener nicht gerade imposant, doch als Gruppe gesehen stehen sie nicht hinter ihren Kommilitonen aus Polen, Frankreich oder Großbritannien zurück, was als Beleg für die Normalität der italienisch-deutschen Beziehungen gelten kann[3]. Die leicht abnehmende Tendenz der Zahl italienischer Studierender an der Ludwig-Maximilians-Universität sollte auch nicht als Indikator für ein abnehmendes Interesse gedeutet werden. Hier spielen vermutlich Auswirkungen der Universitätsreform jenseits der Alpen eine weit größere Rolle, die einen temporären Wechsel ins Ausland nicht eben erleichtert hat[4]. Ein Seitenblick auf die Technische Universität bestätigt die positive Entwicklung der Austauschbeziehungen. Dort hat sich die Zahl italienischer Studierender seit dem Wintersemester 2000/01 verdreifacht. 230 Studierende sind wiederum keine beeindruckende Zahl, doch 2005 lag Italien im Vergleich der europäischen Herkunftsländer auf Platz drei und bei den Studienanfängern sogar auf Platz zwei, vor Großbritannien, Frankreich, Polen und dem traditionell stark vertretenen Nachbarland Österreich. Für ein nachlassendes Interesse italienischer Studierender am Standort München gibt es also auch hier keine Anzeichen. Die Ludwig-Maximilians-Universität und ihre Einrichtungen kooperieren dabei mit Hochschulen in Bergamo, Bologna, Caglieri, Catania, Chieti, Cosenza, Florenz, Ferrara, Genua, Lecce, Mailand, Neapel, Padua, Palermo, Parma, Pavia, Perugia, Pisa, Rom, Siena, Trient, Triest, Turin, Udine, Varese, Venedig, Vercelli und Verona[5].

Zu den Korsettstangen des italienisch-deutschen Dialogs an der LMU gehört das Institut für Italienische Philologie, an dem etwa 500 Studentinnen und Studenten einen Abschluss im Magisterstudiengang (Haupt- und Nebenfach) und 120 im Lehrfach

---

[3] Die Zahlen zur Ludwig-Maximilians-Universität nach einer Auskunft der Zentralen Datenverarbeitung der LMU vom Mai 2007; die Angaben zur TU München nach einer Auskunft der Universitätsverwaltung vom Mai 2007.
[4] Vgl. dazu die Ausführungen von Elena Agazzi zur Lage der Germanistik an den italienischen Universitäten in diesem Band.
[5] Vgl. die Aufstellung unter www.stmwfk.bayern.de/hochschule/partnerschaften/hs_partner_hochschule.asp?Name=17.

anstreben. Das Institut, dessen wissenschaftlicher Schwerpunkt auf dem Feld der Literaturwissenschaft liegt, verfügt über eine Bibliothek mit immerhin 16 000 Bänden, arbeitet mit Padua als Austauschuniversität zusammen, hält Kontakt mit dem Historischen Seminar und kooperiert mit dem italienischen Kulturinstitut[6].

Aber auch im Historischen Seminar der Ludwig-Maximilians-Universität, das uns in diesem Zusammenhang besonders interessiert, spielt die Geschichte Italiens eine nicht zu unterschätzende Rolle. Das liegt nicht zuletzt am Gewicht der Epochendisziplinen Alte und Mittelalterliche Geschichte, die sich schwerlich lehren lassen, ohne das Römische Reich, die Geschichte des Papsttums, aber auch die Geschichte der Territorien und Dynastien sowie der vielfältigen ökonomischen, sozialen und kulturellen Wechselbeziehungen zwischen den Ländern diesseits und jenseits der Alpen zu thematisieren. Da jeder Studierende der Geschichte Pflichtveranstaltungen aus diesen Segmenten des Fachs zu belegen hat, kommen die meisten von ihnen in der einen oder anderen Weise mit der Geschichte Italiens in Kontakt. Und auch wenn dieser Kontakt im weiteren Verlauf des Studiums nicht notwendigerweise vertieft werden muss, so gilt es doch festzuhalten, dass es diese schon beinahe obligatorischen Berührungspunkte weder mit der Geschichte Frankreichs noch Großbritanniens oder der Vereinigten Staaten gibt.

Was nun die Neuere Geschichte im Allgemeinen und die Zeitgeschichte im Besonderen betrifft, so ist die Ludwig-Maximilians-Universität in der glücklichen Lage, über einen Lehrstuhl für Europäische Geschichte des 19. und 20. Jahrhunderts unter besonderer Berücksichtigung Spaniens und Italiens zu verfügen. Der Lehrstuhl wurde im Jahre 2003 erstmals mit diesem Profil besetzt. Unter der Leitung von Martin Baumeister hat die Geschichte Spaniens und Italiens in Lehre und Forschung seither ein ganz neues Gewicht bekommen. Der Lehrstuhl kooperiert mit den Historischen Seminaren der Universitäten Neapel und Turin und setzt besondere Akzente in den Bereichen Migrationsforschung, Kulturgeschichte sowie historische Metropolenforschung, ohne zentrale Themen wie *Risorgimento* oder Faschismus außer Acht zu lassen[7]. Doch nicht nur das Angebot, auch die Nachfrage nach Vorlesungen und Seminaren zur italienischen (Zeit-)Geschichte kann sich sehen lassen. Diesbezügliche Lehrveranstaltungen sind jedenfalls in der Regel ziemlich gut besucht.

---

[6] Vgl. www.italianistenverband.de/html/d-in-5.html.
[7] Vgl. www.geschichte.uni-muenchen.de/ngzg/baumeister.

Dass Studierende wie Wissenschaftler, die sich mit der neuesten Geschichte Italiens befassen, in München gute Arbeitsbedingungen vorfinden, hat viel mit der Bayerischen Staatsbibliothek zu tun. Diese Schatzkammer des Wissens zählt nicht nur zu den größten deutschen Bibliotheken, sondern nimmt im Rahmen eines Systems „fachlicher Zuständigkeiten" auch die „Verantwortung für die Literaturversorgung in großen Bereichen der Geschichtswissenschaft wahr". Dazu gehört unter anderem „die möglichst umfassende Erwerbung und Sammlung aller wissenschaftlich relevanten Publikationen" zur Geschichte Italiens[8]. Die Bayerische Staatsbibliothek steht damit so mancher gut ausgestatteten italienischen Universitätsbibliothek in nichts nach und verfügt auch über Buchreihen, Zeitungen und Zeitschriften, die anderswo nur schwer oder nur unvollständig zu bekommen sind.

Neben der Universität ist das Institut für Zeitgeschichte – eine zur Leibniz-Gemeinschaft zählende Forschungseinrichtung außerhalb der Hochschulen – die zweite Säule der Historiographie in München von nationaler und internationaler Bedeutung. Ursprünglich gegründet, um die Geschichte des Nationalsozialismus zu erforschen, hat sich das IfZ schon lange dieses engen zeitlichen wie thematischen Korsetts entledigt und beschäftigt sich heute mit der deutschen Geschichte des 20. Jahrhunderts in internationaler Perspektive[9]. Neben Frankreich zählt dabei Italien zu den Ländern, die besondere Aufmerksamkeit erfahren haben. Von den abgeschlossenen Projekten sei nur Hans Wollers große Studie über die *Epurazione* erwähnt, die auch ins Italienische übersetzt worden ist[10]. Aktuell beteiligt sich das Institut an Forschungen zur Geschichte der „Achse" im Krieg[11], unterstützt Studien zur Mentalitätsgeschichte deutscher und italienischer Soldaten im Zweiten Weltkrieg[12] und wird im Rahmen des Editionsprojekts „Die Verfolgung und Ermordung der europäischen Juden durch das nationalsozialistische

---

[8] Vgl. Marianne Dörr, Fachinformation Geschichte im Internet. Angebote der Bayerischen Staatsbibliothek; www.ahf-muenchen.de/Forschungsberichte/Jahrbuch2001/Doerr.pdf.
[9] Vgl. www.ifz-muenchen.de/das_ifz.html.
[10] Vgl. Hans Woller, Die Abrechnung mit dem Faschismus in Italien 1943 bis 1948, München 1996; die Studie erschien bereits ein Jahr später bei Il Mulino (Bologna) in italienischer Übersetzung: I conti con il fascismo. L'epurazione in Italia 1943–1948.
[11] Ein Sammelband zu diesem Thema, herausgegeben von Lutz Klinkhammer, Amedeo Osti Guerrazzi und Thomas Schlemmer, befindet sich in Vorbereitung.
[12] Zum Projekt vgl. La Repubblica vom 3.1.2008: „Crimini nascosti".

Deutschland 1933–1945" auch die Geschehnisse auf der Apenninhalbinsel in den Blick nehmen[13]. Dabei kooperiert das IfZ mit dem Deutschen Historischen Institut in Rom, mit dem Italienisch-Deutschen historischen Institut in Trient, mit der Universität Trient, der Universität Turin sowie mit dem *Istituto Nazionale per la Storia del Movimento di Liberazione in Italia*, und gehört so zu den tragenden Pfeilern deutsch-italienischen Wissenschaftsaustausches auf dem Feld der Zeitgeschichte.

Ein Indikator dafür ist auch die Zahl der italienischen Kolleginnen und Kollegen, die das Archiv und die Bibliothek des Instituts für Zeitgeschichte für ihre Forschungen nutzen. Ausweislich der jährlich erstellten Benutzerstatistik befinden sich Historiker aus Italien seit Anfang der neunziger Jahre in der Spitzengruppe der ausländischen Gäste. Im Jahr 2006 stellten sie hinter Kolleginnen und Kollegen aus den Vereinigten Staaten sogar die zweitgrößte Gruppe unter den ausländischen Benutzern[14]. Auch die Vierteljahrshefte für Zeitgeschichte, eine der auflagenstärksten historischen Fachzeitschriften in Europa, spiegeln das wachsende Interesse an der Geschichte Italiens wider, das sich seit Anfang der neunziger Jahre beobachten lässt und das bis heute anhält. Dementsprechend hat sich die Zahl der Aufsätze und Dokumentationen mit Bezug zu Italien ständig erhöht[15]. Man mag einwenden, diese Entwicklung habe mit den besonderen Vorlieben der Redaktion zu tun und sei deswegen irreführend. Doch dem ist entgegenzuhalten, dass wir es keinesfalls mit einer künstlichen Konjunktur zu tun haben. Denn auf einem leeren Markt ließe sich nichts einwerben, der Markt für Beiträge zur italienischen oder zur deutsch-italienischen Zeitgeschichte ist aber alles andere als leer, sondern scheint im Gegenteil zu expandieren.

---

[13] Hinter diesem Großprojekt stehen neben dem Institut für Zeitgeschichte auch das Bundesarchiv und der Lehrstuhl für Neuere und Neueste Geschichte an der Albert-Ludwigs-Universität Freiburg; vgl. Dieter Pohl, Die Verfolgung und Ermordung der europäischen Juden durch das nationalsozialistische Deutschland 1933–1945. Ein neues Editionsprojekt, in: VfZ 53 (2005), S. 651–659.
[14] Vgl. den Jahresbericht 2006 des Instituts für Zeitgeschichte, o.O. (München) o.J. (2007), S. 31.
[15] Vgl. dazu das 2007 auf CD-Rom erschienene Gesamtverzeichnis aller VfZ-Jahrgänge zwischen 1953 und 2006.

3. Keine Angst vorm „schwarzen Mann"

Passt dies alles zur Vermutung einer schleichenden Entfremdung? Den Skeptiker Gian Enrico Rusconi wird es nicht überraschen, wenn ich meine: Nein. Ich habe seiner These eingangs die These von einem Prozess der kommunikativen Verdichtung entgegengesetzt, von dem die Geschichtswissenschaft sichtlich profitiert. Diese Verdichtung lässt sich etwa an der steigenden Zahl der Tagungen festmachen, auf denen deutsche und italienische Historiker gemeinsam auftreten, an den Publikationen, die nicht zuletzt daraus entstehen, und an den vielfältigeren Möglichkeiten, Stipendien für Aufenthalte in Deutschland beziehungsweise in Italien zu beantragen. Sie hat aber auch mit den neuen Medien zu tun, die es uns erlauben, unkomplizierter, rascher und kostengünstiger zu kommunizieren als früher, ganz abgesehen davon, dass es keine Schwierigkeit mehr darstellt, über das Internet die neuesten Entwicklungen zeitnah zu verfolgen und den Buchmarkt zu sondieren oder über Satellit zwischen Dutzenden von deutschen und italienischen Fernsehkanälen hin- und herzuzappen. Für den Historiker ist diese Nähe zur jeweils anderen (Wissenschafts-)Kultur von geradezu unschätzbarem Wert.

Dazu kommt, dass die junge Historikergeneration über eine hohe Sprachkompetenz verfügt, die eine Verständigung zumindest in englischer Sprache erlaubt. Aber auch andere Hürden fallen mit der Zeit. Ich meine damit, dass Ressentiments und Vorurteile, die vielfach auf die beiden Weltkriege im Allgemeinen und die deutsche Besatzung Italiens zwischen 1943 und 1945 im Besonderen zurückgehen, ihre Wirkungsmächtigkeit verlieren, je mehr der biographische Bezug zu diesen Jahren fehlt. Historikerinnen und Historiker, die in der „alten" Bundesrepublik oder im „neuen" Italien geboren wurden, kommunizieren in der Regel freier und direkter, als dies noch in den siebziger und achtziger Jahren möglich war. Dies ist nicht zuletzt darauf zurückzuführen, dass die Vertreter dieser Generation Kinder einer amerikanisierten Alltagskultur sind, die – aller nationalen Spielarten zum Trotz – ein erhebliches Maß an Gemeinsamkeiten aufweist und so tendenziell verständigungsfördernd und konfliktdämpfend wirkt. Politik ist in diesem neuen Koordinatensystem sicherlich nach wie vor ein wichtiger Faktor, über den es nachzudenken, zu diskutieren und zuweilen auch zu streiten lohnt. Aber wo man auch lebensweltlich so eng zusammengerückt ist, ist sie doch nur ein Faktor unter mehreren und kein alleiniger Gradmesser für den Stand der bilateralen Beziehungen.

Selbst wenn nicht alles Gold ist, was glänzt, selbst wenn man immer mehr tun könnte und selbst wenn wir immer noch zu oft übereinander, statt miteinander reden, scheint es vor diesem Hintergrund nicht angebracht zu sein, ein düsteres Bild von der Zukunft der deutsch-italienischen Beziehungen zu zeichnen[16]. Dies gilt nicht nur für die Zeitgeschichte. Denn wer in das immer dichtere kommunikative Netz eingebunden ist, das sich zwischen Italien und Deutschland entfaltet hat, der wird sich nicht beeindrucken lassen, wenn der „schwarze Mann" wieder einmal versucht, unbedarfte Gemüter mit längst überholten Bildern zu erschrecken.

---

[16] Vgl. Die Welt vom 8.2.2008: „Warum sich Deutsche und Italiener fremd geworden sind. ‚Seit dem Fall der Mauer verstehen wir uns nicht mehr': Ein Gespräch mit Angelo Bolaffi, dem Direktor des Italienischen Kulturinstituts."

Gustavo Corni
Die italienische Geschichtswissenschaft und die deutsche Frage

1. Marxistische Historiker und das „deutsche Modell"

Nachdem bereits ausführlich vom Beitrag der deutschen Historiographie zur Erforschung der Geschichte Italiens und der deutschitalienischen Beziehungen die Rede war, soll jetzt der umgekehrte Weg beschritten werden. Wie sehr engagierten sich italienische Historiker, um die Erforschung der deutschen Geschichte voranzutreiben? Ließ ihr Interesse nach dem Fall der Mauer nach, so dass man den Verdacht eines fortschreitenden Desinteresses, ja sogar einer Entfremdung zwischen den beiden Ländern bestätigt finden könnte? Der vorliegende Beitrag beruht zum Teil auf eigenen Erfahrungen. Ich beziehe mich dabei vor allem auf die Arbeiten von italienischen Deutschland-Experten, mit denen ich in meiner mehr als dreißigjährigen Forschungstätigkeit selbst in Kontakt gekommen bin und die mich besonders stark beeinflusst haben. Mein Hauptinteresse gilt der neuesten Geschichte, genauer gesagt dem Nationalsozialismus, der Geschichte von Politik und Ideologie der marxistisch-leninistischen Bewegung und den gegenwartsnahen Entwicklungen seit der Wiedervereinigung.

Was die ersten beiden Themenfelder angeht, so haben sich hier vor allem marxistisch orientierte Historiker profiliert, deren Interpretationen zeitweilig sogar die Diskussion beherrschten. Erinnert sei nur an Enzo Collotti sowie an Ernesto Ragionieri[1] und seine Schüler[2], von denen einige einen politikhistorischen Zugriff pflegten und sich etwa auf die Frage konzentrierten, welchen Einfluss die Sozialdemokratie in puncto Politik und Organisation auf die Herausbildung der sozialistischen Bewegung in Italien hatte. Andere nahmen dagegen insbesondere Aspekte der Theorie und der Ideologie unter die Lupe[3]. In diesem Zusammenhang haben

---

[1] Vgl. Ernesto Ragionieri, Socialdemocrazia tedesca e socialisti italiani 1875–1895. L'influenza della socialemocrazia tedesca sulla formazione del Partito socialista italiano, Mailand 1961.
[2] Vgl. Franco Andreucci, Socialdemocrazia e imperialismo. I marxisti tedeschi e la politica mondiale 1884–1914, Rom 1988.
[3] Massimo L. Salvadori, Kautsky e la rivoluzione socialista 1880–1938, Mailand 1976.

Übersetzungen – etwa der Werke von Arkadij Erusalimskij, Helmut Böhme, Marek Waldenberg und Hans Josef Steinberg[4] – eine wichtige Rolle gespielt, wobei auch der italienischen Ausgabe der Studien von Fritz Frischer eine besondere Bedeutung zukam[5].

Überhaupt muss gesagt werden, dass die italienischen Verlage in dieser Hinsicht Großes geleistet und die Öffentlichkeit mit zahlreichen Werken aus dem Ausland bekannt gemacht haben. Was Deutschland betrifft, so hat man es hier leider mit einer Einbahnstraße zu tun, denn selbst wenn sich bedeutende Historiker wie Ragionieri, Collotti oder Pierangelo Schiera mit der Geschichte des Nachbarn nördlich der Alpen beschäftigten, wurden ihre Werke nicht ins Deutsche übersetzt und daher von deutschen Kollegen kaum rezipiert. Ragionieri und Collotti haben in der DDR gewisse Anerkennung gefunden, wo man sie für linientreu hielt, während Schiera lediglich dem kleinen Kreis von Historikern bekannt ist, die sich mit der Geschichte politischer Ideen befassen.

Das Interesse der marxistischen Geschichtswissenschaft bezog sich in besonderer Weise auch auf die Weimarer Republik und ihre Parteien[6]. In diesem Zusammenhang muss die Pionierstudie von Gian Enrico Rusconi (in jungen Jahren dem linken Lager zugehörig) über das politische System der ersten deutschen Demokratie erwähnt werden[7], die – wie viele andere Untersuchungen italienischer Historiker – in Deutschland ebenfalls ignoriert worden ist. Dass „Weimar" in den siebziger Jahren so große Aufmerksamkeit fand, lag zum einen an der Renaissance neomarxistischer Autoren und linker Außenseiter, die den pragmatischen Kurs der kommunistischen Partei Italiens ablehnten, und zum anderen an der Krise des Parlamentarismus, die den Vergleich mit der Agonie der Weimarer Republik zwischen 1930 und 1933 nahezulegen schien.

Eine herausgehobene Rolle kam auch diesmal Enzo Collotti zu. Der Marxist von strenger Observanz begnügte sich in seiner langen

---

[4] Vgl. Arkadij S. Erusalimskij, Da Bismarck a Hitler. L'imperialismo tedesco nel XX secolo, Rom 1967; Helmut Böhme, L'ascesa della Germania a grande potenza: economia e politica nella formazione del Reich: 1848–1881, Mailand/Neapel 1970; Marek Waldenberg, Il papa rosso. Karl Kautsky, 2 Bde., Rom 1980; Hans Josef Steinberg, Il socialismo tedesco da Bebel a Kautsky, Rom 1979.

[5] Vgl. Fritz Fischer, Assalto al potere mondiale. La Germania nella guerra 1914–1918, Turin 1965.

[6] Vgl. Enzo Rutigliano, Linkskommunismus e rivoluzione in occidente, Bari 1974.

[7] Vgl. Gian Enrico Rusconi, La crisi di Weimar. Crisi di sistema e sconfitta operaia. La fine di una democrazia, Turin 1977.

wissenschaftlichen Laufbahn jedoch nicht mit seiner Vorliebe für verschiedene Spielarten des deutschen (und österreichischen) Marxismus von Rosa Luxemburg bis zu Otto Bauer, sondern dehnte sein Interesse auf die Politik-, Wirtschafts-, und Sozialgeschichte Deutschlands nach dem Ersten Weltkrieg aus. Sein wissenschaftliches Werk zeugt von profunder Quellen- und Literaturkenntnis; in methodischer Hinsicht ist es überaus anregend, weil es erfolgreich unterschiedliche Ansätze zu verbinden sucht. Nach seiner 1962 erschienenen grundlegenden Studie über das Dritte Reich[8] hat Collotti alle großen Debatten der westdeutschen Geschichtswissenschaft dokumentiert und dabei eine Transferleistung erbracht, die kaum überschätzt werden kann[9]. Darüber hinaus hat er innovative Arbeiten über die deutsche Besatzungsherrschaft im Zweiten Weltkrieg[10] und zur vergleichenden Faschismusforschung vorgelegt[11], wobei er stets die Notwendigkeit eines generischen Faschismusbegriffs betont hat.

So ausgewogen und weiterführend Collottis Analysen zum Nationalsozialismus sind, so sehr lassen seine Publikationen zur Entwicklung Deutschlands nach 1945 zu wünschen übrig. Seine 1968 veröffentlichte Geschichte beider deutscher Staaten[12] ist in der Bundesrepublik heftig kritisiert worden, und zwar zu Recht, wie mir scheint, weil sie große Sympathie für die DDR verrät, Westdeutschland dagegen in wenig schmeichelhaftem Licht erscheinen läßt. In den siebziger Jahren gehörte Collotti zu den Intellektuellen der italienischen Linken[13], die Willy Brandts politischem Kurs mit äußerster Skepsis begegneten und dabei sogar den Verdacht hegten, die Bundesrepublik sei dabei, sich in einen illiberalen, autoritären Staat zu verwandeln[14].

---

[8] Vgl. Enzo Collotti, La Germania nazista. Dalla Repubblica di Weimar al crollo del Reich hitleriano, Turin 1962.
[9] Besonders hervorzuheben sind dabei seine Arbeiten zur Geschichte des Widerstands gegen den Nationalsozialismus, die bereits 1961 erschienen sind; vgl. Enzo Collotti, Per una storia dell'opposizione antinazista in Germania, in: Rivista storica del socialismo 12-14 (1961), S. 105–137.
[10] Vgl. Enzo Collotti, L'Europa nazista. Il progetto di un nuovo ordine europeo, Florenz 2002.
[11] Vgl. Enzo Collotti, Fascismo, fascismi, Florenz 1989.
[12] Vgl. Enzo Collotti, Storia delle due Germanie (1945–1968), Turin 1968.
[13] Vgl. den Sammelband Modello Germania. Strutture e problemi della realtà tedesco-occidentale, Bologna 1978.
[14] Vgl. Enzo Collotti, Esempio Germania. Socialdemocrazia tedesca e coalizione social-liberale 1969–1976, Mailand 1977.

2. Die italienischen Historiker und das Problem des Staates

Derartige historiographische Debatten sind oft nur zu verstehen, wenn man sie mit politischen Auseinandersetzungen in Verbindung bringt. Geschichte muss ja gerade in Italien oft für durchsichtige Ziele herhalten und wird dabei nicht selten missbraucht. Auch die Forschungen über Preußen – ein anderes bevorzugtes Feld der italienischen Deutschland-Experten – blieben davon nicht unberührt. Hier galt das Interesse in den vergangenen drei oder vier Jahrzehnten vor allem dem Problem des Staates, wobei man einen verfassungsgeschichtlichen Zugriff wählte, der sich in zahlreichen Werken zur Geschichte der Institutionen, politischen Ideen und der Politik selbst bewährte. In nicht wenigen Fällen wurde dieses Instrumentarium mit einem Ansatz verbunden, der sich auf das Verhältnis von Philosophie und politische Praxis bezog.

Die Historiker, die südlich der Alpen mit dem Konzept der Verfassungsgeschichte operierten, orientierten sich vor allem an den innovativen Werken von Ernst-Wolfgang Böckenförde[15], Otto Brunner, Gerhard Oestreich, Otto Hintze und Carl Schmitt, die auch ins Italienische übersetzt worden sind und große Beachtung fanden. Eine herausragende Rolle spielte hier Pierangelo Schiera, der zunächst in Bologna und dann in Trient lehrte, wo er zusammen mit Paolo Prodi am 1974 gegründeten Deutsch-Italienischen Historischen Institut zahlreiche Studien anregte. Schiera war es auch, der die wichtigsten Bücher von Brunner und Schmitt übersetzte[16] sowie eine intellektuelle Biographie über Hintze schrieb[17].

Das lebhafte Interesse für Preußen und die Verfassungsgeschichte hing eng mit der umfassenderen Debatte zusammen, die damals in Italien über die Genese des modernen Nationalstaats geführt wurde, wobei man hier wohl auch vermeintlichen Geburtsfehlern der italienischen Entwicklung nach 1860 auf die Spur zu kommen hoffte. In den siebziger Jahren hat deshalb auch die – so meinte man jedenfalls – gelungene Verbindung von Ständestaat und Fürsten-

---

[15] Vgl. Ernst-Wolfgang Böckenförde, La storia costituzionale tedesca del secolo decimonono. Problematica e modelli dell'epoca, Mailand 1970.
[16] Otto Brunners Buch „Land und Herrschaft" erschien unter dem Titel „Terra e potere. Strutture pre-statuali e pre-moderne nella storia costituzionale dell'Austria medievale" 1983 in Mailand. Zusammen mit Gianfranco Miglio hatte Schiera bereits 1972 unter dem Titel „Le categorie del ‚politico'" eine Auswahl der politischen und methodologischen Schriften Carl Schmitts publiziert.
[17] Vgl. Pierangelo Schiera, Otto Hintze, Neapel 1974, sowie Otto Hintze, Stato e società, hrsg. von Pierangelo Schiera, Bologna 1980.

staat, zu der es in Preußen gekommen war, besondere Aufmerksamkeit gefunden. Anfangs kümmerten sich die italienischen Preußen-Forscher vor allem um ideologische und theoretische Fragen[18], ehe sie sich dann den politischen, institutionellen und sozialen Aspekten dessen zuwandten, was in ihren Augen das „Modell Preußen" ausmachte[19]. Zu erinnern ist in diesem Zusammenhang an die Studie von Innocenzo Cervelli über die Verflechtung von Ständen und Staat, der dabei auch das Deutsche Reich als Ganzes im Blick hatte[20]. Schiera selbst hat den Zusammenhang von Fürsorge- beziehungsweise Interventionsstaat und Aufklärung untersucht, wo er einen Eckpfeiler der modellhaften Entwicklung Preußens zu einem modernen Staatswesen erblickte[21]. Aus solchen Ansätzen haben sich zahlreiche weitere Arbeiten über die deutsche und vor allem preußische Aufklärung ergeben, die sich nicht zuletzt an den Studien von Nicolao Merker[22] und Claudio Cesa[23] orientierten. Hervorheben muss man hier die wichtige Monographie von Edoardo Tortarolo über die Mittwochs-Gesellschaft[24] sowie die Analysen von Vanda Fiorillo über aufklärerisches Gedankengut und administrative Praxis[25].

Vorbildfunktion hatte freilich nicht nur das methodische Konzept der Verfassungsgeschichte, das zahlreiche Arbeiten zur Geschichte Preußens inspiriert hat. Ähnliches wird man von der Sozialgeschichte Bielefelder Prägung sagen können, die in den siebziger Jahren – wenn auch nicht ohne polemische Anfeindungen – ihren Siegeszug in der Bundesrepublik antrat[26] und dann auch in Italien

---

[18] Vgl. Pierangelo Schiera, Dall'arte di governo alle scienze dello stato. Il cameralismo e l'assolutismo tedesco, Mailand 1969.
[19] Vgl. Gustavo Corni, Stato assoluto e società agraria in Prussia nell'età di Federico II, Bologna 1982.
[20] Vgl. Innocenzo Cervelli, Ceti e assolutismo in Germania. Rassegna di studi e problemi, in: Annali dell'Istituto storico italo-germanico in Trento 3 (1977), S. 431–512.
[21] Vgl. Pierangelo Schiera, La Prussia fra polizia e „lumi": alle origini del „Modell Deutschland", in: Annali dell'Istituto storico italo-germanico in Trento 1 (1975), S. 51–84.
[22] Vgl. Nicolao Merker, L'illuminismo in Germania. L'età di Lessing. Rom 1989.
[23] Vgl. Claudio Cesa, Studi sulla sinistra hegeliana, Urbino 1972.
[24] Vgl. Edoardo Tortarolo, La ragione sulla Sprea. Coscienza storica e cultura politica nell'illuminismo berlinese, Bologna 1989.
[25] Vgl. Vanda Fiorillo, Autolimitazione razionale e desiderio. Il dovere nei progetti di riorganizzazione politica dell'illuminismo tedesco, Turin 2000.
[26] Vgl. Gustavo Corni, La „Neue Sozialgeschichte" nel recente dibattito storiografico tedesco, in: Annali dell'Istituto storico italo-germanico in Trento 3 (1977), S. 513–539.

auf Interesse stieß, wie die Übersetzung einiger Standardwerke von Jürgen Kocka und Hans-Ulrich Wehler zeigte[27]. Der Einfluss dieser Schule blieb freilich auf Fragen der Theorie und Methode beschränkt, während sie in der Forschungspraxis kaum größere Bedeutung erlangte, wenn man von Ausnahmen wie dem Buch von Innocenzo Cervelli einmal absieht, der die gescheiterte Revolution von 1848/49 untersuchte. Dabei bediente er sich der These vom deutschen Sonderweg und verband sozio-ökonomische Faktoren mit politik- und institutionengeschichtlichen Aspekten[28].

Aus dem besonderen Interesse für Preußen im 18. Jahrhundert resultierte im Übrigen fast unweigerlich die große Aufmerksamkeit für das absolutistische Herrschaftsmodell friderizianischer Prägung, das nach der Niederlage gegen die Truppen Napoleons bei Jena und Auerstedt am Rand des Zusammenbruchs stand, dann aber seine Reformfähigkeit eindrucksvoll unter Beweis stellte. Ich beziehe mich hier auf eine Fülle von Arbeiten zu den Befreiungskriegen, in denen geistesgeschichtlichen[29] und politikgeschichtlichen Gesichtspunkten nachgegangen wurde[30], und auf die Wiederentdeckung von Carl von Clausewitz[31] – alles Arbeiten, die in starkem Maße von Reinhart Kosellecks grundlegendem Werk über Preußen zwischen Reform und Revolution (in italienischer Übersetzung) beeinflusst worden sind[32].

Das Interesse für die Geschichte Preußens im 18. Jahrhundert hatte viel mit der Suche nach dem Vorbild für die Gründung eines modernen Staates und mit der gleichzeitigen Suche nach den Ursachen der Strukturdefekte zu tun, die man im eigenen Land diagnostizierte. Wenn sich italienische Historiker mit dem 19. Jahr-

---

[27] Vgl. Hans-Ulrich Wehler/Jürgen Kocka, Sulla scienza della storia. Storiografia e scienze sociali. Introduzione di Gustavo Corni, Bari 1983; Hans-Ulrich Wehler, L'impero guglielmino 1871–1918, Bari 1981; Jürgen Kocka, Impiegati fra fascismo e democrazia. Una storia sociale-politica degli impiegati: America e Germania (1890–1940), Neapel 1982.
[28] Vgl. Innocenzo Cervelli, La Germania dell'Ottocento. Un caso di modernizzazione conservatrice, Rom 1988.
[29] Vgl. Carla De Pascale, Tra Rivoluzione e Restaurazione. La filosofia della società di Franz von Baader, Neapel 1982.
[30] Vgl. Ettore Passerin D'Entrèves, Guerra e riforme. La Prussia e il problema nazionale tedesco prima del 1848, Bologna 1985, und Maria Pia Paternò, Individuo, esercito, nazione. Heinrich Karl vom Stein e la politica delle riforme in Prussia, Neapel 1998.
[31] Vgl. Gian Enrico Rusconi, Clausewitz il Prussiano. La politica della guerra nell'equilibrio europeo, Turin 1999.
[32] Vgl. Reinhart Koselleck, La Prussia tra riforma e rivoluzione (1791–1848), Bologna 1988.

hundert beschäftigten und dabei vor allem die mehr oder weniger gescheiterte Revolution von 1848/49 und die weitere Entwicklung des Liberalismus in den Blick nahmen, so standen auch hier politische Probleme Pate, die mit angeblichen Defiziten der eigenen Geschichte zu tun hatten. Erinnert sei hier an die Studie von Innocenzo Cervelli über den deutschen Liberalismus zwischen Vormärz und Reichsgründung[33], an die Forschungen von Anna Gianna Manca über den Konstitutionalismus vor 1870/71[34] und an die Studie von Monica Cioli über die Organisationsformen des deutschen Liberalismus im Zuge der „zweiten" Reichsgründung[35], die ebenso wie Pierangelo Schieras Darstellung über Wissenschaft und Politik auch in deutscher Sprache erschienen ist. Dass es sich dabei um Ausnahmen handelt, ist bereits gesagt worden; italienische Forschungen zur deutschen Geschichte, und mögen sie noch so relevant sein, werden nördlich der Alpen kaum zur Kenntnis genommen[36].

3. *Business as usual* nach dem Fall der Mauer?

Wie in Frankreich und anderswo, so hat die deutsche Wiedervereinigung von 1989/90 auch in Italien die Gemüter bewegt. Groß war die Resonanz vor allem in den Massenmedien, wo sich vor allem Wirtschaftsexperten, Politologen und Publizisten zu Wort meldeten. Dabei herrschte die Meinung vor, dass das neue Deutschland eine hegemoniale Stellung in Europa anstreben werde[37]. In Italien, so scheint mir, kam es aber nur selten zu so schrillen Warnungen wie in Frankreich, Großbritannien oder Polen. Nur in Collottis letztem Buch über die Krise der DDR vor der Wiedervereinigung spiegeln sich die diffusen Ängste vor der Wiedergeburt des deutschen Nationalismus wider, der wegen seines starken kapitalistischen Wirtschaftssystems als um so gefährlicher galt. Noch

---

[33] Vgl. Innocenzo Cervelli, Liberalismo e conservatorismo in Prussia 1850–1858, Bologna 1983.
[34] Vgl. Anna Gianna Manca, La sfida delle riforme. Costituzione e politica nel liberalismo prussiano (1850–1866), Bologna 1995.
[35] Vgl. Monica Cioli, Pragmatismus und Ideologie. Organisationsformen des deutschen Liberalismus zur Zeit der zweiten Reichsgründung, Berlin 2003.
[36] Vgl. Pierangelo Schiera, Laboratorium der bürgerlichen Welt, Frankfurt a.M. 1999.
[37] Vgl. Angelo Bolaffi, Il sogno tedesco. La nuova Germania e la coscienza europea, Rom 1993; Antonio Missiroli, La questione tedesca. Le due Germanie dalla divisione all'unità (1945–1990), Florenz 1989; Gian Enrico Rusconi, Capire la Germania. Un diario ragionato sulla questione tedesca, Bologna 1990; Federico Rampini, Germanizzazione. Come cambierà l'Italia, Rom/Bari 1996.

immer auf die Prämissen der marxistischen Geschichtsschreibung fixiert, ließ sich Collotti zu seltsam milden Urteilen über die gravierenden Fehlleistungen der SED-Führung hinreißen. Dagegen übertrieb er nach wie vor reichlich – wenn auch nicht mehr so stark wie noch in den siebziger Jahren –, als er seinen Ängsten vor dem neuen, starken Deutschland und seiner Rolle im Konzert der Staatengemeinschaft freien Lauf ließ[38].

Fast 20 Jahre danach haben sich solche und ähnliche Befürchtungen als unbegründet erwiesen. Daher ließ auch das Interesse der Gelehrten und der Medien an der Wiedervereinigung und der neuen Bundesrepublik stark nach[39]. Die Forschung über Deutschland hat darunter allerdings nicht gelitten. Im Gegenteil, ihre Reichweite hat sich ebenso vergrößert wie die Vielfalt der Themen, die bearbeitet werden. Italienische Historiker haben jetzt beispielsweise begonnen, die deutschen Kriegsverbrechen (und ihre größtenteils ausgebliebene Ahndung) auf der Apenninhalbinsel zu untersuchen – und zwar nicht nur im Kontext der italienischen Geschichte[40], sondern auch mit Blick auf vergleichbare Phänomene in anderen Ländern[41]. Ähnliches gilt für die lange vernachlässigte Rolle des faschistischen Italiens als Besatzungsmacht im Zweiten Weltkrieg, wobei neuere Forschungen das bis heute gern gehörte Klischee vom „guten Italiener" in fragwürdigem Licht erscheinen lassen und den Vergleich zur brutalen Besatzungspraxis der deutschen Verbündeten geradezu herausfordern[42].

Man könnte in diesem Zusammenhang eine ganze Reihe weiterer Themen nennen, die italienische Deutschlandexperten seit dem Fall der Mauer aufgegriffen haben, wobei betont werden muss, dass – von Ausnahmen wie Collotti abgesehen – die einst so wirkungsmächtige Tradition marxistischer Historiographie nach 1989/90 keinen ernstzunehmenden Versuch unternommen hat, die Entwicklung der Bundesrepublik zu erklären. Dagegen hat –

---

[38] Vgl. Enzo Collotti, Dalle due Germanie alla Germania unita, Turin 1992.
[39] Vgl. Gustavo Corni, Il modello tedesco visto dall'Italia, in: Agostino Giovagnoli/Giorgio Del Zanna (Hrsg.), Il mondo visto dall'Italia, Mailand 2004, S. 34–54.
[40] Vgl. Luca Baldissara/Paolo Pezzino (Hrsg.), Giudicare e punire. I processi per crimini di guerra tra diritto e politica, Neapel 2005, und dies. (Hrsg.), Crimini e memorie di guerra. Violenze contro le popolazioni e politiche del ricordo, Neapel 2004.
[41] Vgl. Filippo Focardi/Lutz Klinkhammer, La questione dei „criminali di guerra" italiani e una commissione di inchiesta dimenticata, in: Contemporanea 4 (2001), S. 497–528.
[42] Vgl. Davide Rodogno, Il nuovo ordine mediterraneo. Le politiche di occupazione dell'Italia fascista in Europa (1940–1943), Turin 2003.

und das scheint mir von größerer Bedeutung zu sein – die Zahl und die Qualität der veröffentlichten Dissertationen signifikant zugenommen[43]. Dies ist ein Indikator dafür, dass eine neue Generation gut ausgebildeter, international ambitionierter Wissenschaftler heranzuwachsen beginnt, die sich den komplexen Fragen der deutschen Geschichte ohne ideologische Scheuklappen stellt. Auch die Zahl der Übersetzungen einschlägiger fremdsprachiger Bücher ins Italienische hat sich nicht verringert. Im Zentrum stehen hier nach wie vor der Nationalsozialismus und Hitler, wie die Studien von Hans Mommsen[44] und Ian Kershaw[45] belegen.

Schließlich haben sich italienische Historiker auch an Überblicksdarstellungen zur deutschen Geschichte gewagt, die einen weiten chronologischen und thematischen Bogen schlagen und sich in der Regel an ein studentisches Publikum wenden[46]. In Deutschland werden diese und andere Werke freilich nach wie vor nur schwach rezipiert, viel schwächer jedenfalls als Studien aus der Feder britischer oder amerikanischer Gelehrter. Die nach wie vor bestehende Sprachbarriere spielt dabei eine große Rolle; sie reicht aber allein nicht aus, um diese offenkundige Schieflage zu erklären, zumal in den letzten zehn Jahren die Zahl der deutschen Historiker, die sich mit Italien beschäftigen und die italienische Forschungslandschaft gut kennen, beträchtlich zugenommen hat.

Alles in allem wird man also nicht sagen können, dass in den letzten zehn, fünfzehn Jahren das Interesse der italienischen Historiker an Deutschland nachgelassen hat. Mit Blick auf das zurückliegende halbe Jahrhundert wird man jedoch feststellen, dass sich das Erkenntnisinteresse nicht mehr aus aktuellen politischen Problemen oder ideologischen Motiven speist, wie es lange der Fall war, als sich vor allem marxistische Historiker und Intellektuelle auf

---

[43] Vgl. Alessandra Minerbi, Tra continuità e rottura. Il gruppo dirigente della Socialdemocrazia tedesca in esilio (1933–1939), Mailand 2001; Sara Lorenzini, Due Germanie in Africa. La cooperazione allo sviluppo e la competizione per i mercati, Florenz 2003; Fiammetta Balestracci, La Prussia tra reazione e rivoluzione 1918–1920, Turin 2004; Magda Martini, La cultura all'ombra del muro. Relazioni culturali tra Italia e DDR (1949–1989), Bologna 2007.
[44] Vgl. Hans Mommsen, La soluzione finale. Come si è giunto allo sterminio degli ebrei, Bologna 2003.
[45] Vgl. beispielsweise Ian Kershaw, Adolf Hitler, Bd. 1: 1889–1936, Bd. 2: 1936–1945, Mailand 1999 und 2001.
[46] Vgl. Gustavo Corni, Storia della Germania. Dall'unificazione alla riunificazione, Mailand ²1999; Brunello Mantelli, Da Ottone di Sassone ad Angela Merkel. Società, istituzioni, poteri nello spazio germanofono dall'anno Mille ad oggi, Turin 2006.

deutsche Themen stürzten, weil sie daraus Lehren für den italienischen Hausgebrauch ziehen zu können hofften. Diese Herangehensweise hat sich schon deshalb erledigt, weil der Marxismus als Paradigma historischer Forschung ausgedient hat. Die Historiographie ist damit, wenn man so will, in einen Zustand der Normalität zurückgekehrt. Deutschland ist zu einem Forschungsgegenstand *sui generis* geworden, der um seiner selbst willen und als Vergleichsobjekt in den Blick genommen wird und überdies schon deshalb von Interesse ist, weil er in engstem Bezug zu Italien steht. In diesem Sinne ist es seit dem Fall der Mauer sogar zu einer Intensivierung der Kontakte zwischen den Historikern beider Länder gekommen. Seminare, Workshops und Tagungen zu deutschen oder deutsch-italienischen Themen gibt es inzwischen mehr, als man besuchen kann, und auch komparatistisch angelegte Forschungsprojekte sind keine Seltenheit mehr[47]. Zugleich haben sich auch die Befürchtungen verflüchtigt, dass die neue Bundesrepublik eine Bedrohung für Europa und die Welt bedeuten könnte.

Aus dem Italienischen übersetzt von Thomas Schlemmer und Hans Woller.

---

[47] Vgl. Oliver Janz/Pierangelo Schiera/Hannes Siegrist (Hrsg.), Zentralismus und Föderalismus im 19. Jahrhundert. Deutschland und Italien im Vergleich, Berlin 2000; Gian Enrico Rusconi/Hans Woller (Hrsg.), Parallele Geschichte? Italien und Deutschland 1945–2000, Berlin 2006; Christof Dipper (Hrsg.), Deutschland und Italien 1860–1960, München 2005; Gustavo Corni/Christof Dipper (Hrsg.), Italiani in Germania tra Ottocento e Novecento. Spostamenti, rapporti, immagini, influenze, Bologna 2006.

Abkürzungen

AG	Arbeitsgemeinschaft
BI	Bibliographische Informationen
CDU	Christlich-Demokratische Union
CSU	Christlich-Soziale Union
DAAD	Deutscher Akademischer Austauschdienst
DC	Democrazia Cristiana
DDR	Deutsche Demokratische Republik
DHI	Deutsches Historisches Institut
DIH	Deutsch-Italienisches Hochschulzentrum
EG	Europäische Gemeinschaft
EU	Europäische Union
EWG	Europäische Wirtschaftsgemeinschaft
FI	Forza Italia
IfZ	Institut für Zeitgeschichte
LMU	Ludwig-Maximilians-Universität
NATO	North Atlantic Treaty Organization
NS	Nationalsozialismus
PCI	Partito Comunista Italiano
SED	Sozialistische Einheitspartei Deutschlands
SISSCO	Società Italiana per lo Studio della Storia Contemporanea
SPD	Sozialdemokratische Partei Deutschlands
SS	Schutzstaffel
TU	Technische Universität
UDC	Unione dei Democratici Cristiani e Democratici di Centro
Udeur	Unione Democratici per l'Europa
UN	United Nations
VfZ	Vierteljahrshefte für Zeitgeschichte

Autoren

Elena Agazzi (1961), Professorin für deutsche Literatur an der Universität Bergamo.

Angelo Bolaffi (1946), Professor für politische Philosophie an der römischen Universität *La Sapienza*, derzeit Direktor des italienischen Kulturinstituts in Berlin.

Gustavo Corni (1952), Professor für Zeitgeschichte am Fachbereich Soziologie der Universität Trient.

Christof Dipper (1943), Professor für Neuere und Neueste Geschichte an der Technischen Universität Darmstadt.

Susanne Höhn (1959), Germanistin und Romanistin, Leiterin der Region Italien des Goethe-Instituts mit Sitz in Rom.

Lutz Klinkhammer (1960), Dr. phil., wissenschaftlicher Mitarbeiter am Deutschen Historischen Institut in Rom.

Henning Klüver (1949), Journalist, seit 1995 Kulturkorrespondent der „Süddeutschen Zeitung" und Mitarbeiter deutscher Rundfunkanstalten in Mailand.

Rolf Petri (1957), Professor für Geschichte des 19. und 20. Jahrhunderts an der Universität Venedig.

Gian Enrico Rusconi (1938), Professor für politische Wissenschaft an der Universität Turin und Direktor des Italienisch-Deutschen Historischen Instituts (*Fondazione Bruno Kessler*) in Trient.

Thomas Schlemmer (1967), Dr. phil., wissenschaftlicher Mitarbeiter am Institut für Zeitgeschichte München-Berlin, 2001–2005 wissenschaftlicher Mitarbeiter am Deutschen Historischen Institut in Rom.

Ulrike Stepp (1974), Politologin, Germanistin und Romanistin, seit 2004 Leiterin des DAAD-Informationszentrums in Rom.

Stefan Ulrich (1963), Dr. jur., Jurist und Journalist, Italien-Korrespondent der „Süddeutschen Zeitung" mit Sitz in Rom.

Hans Woller (1952), Dr. phil., wissenschaftlicher Mitarbeiter am Institut für Zeitgeschichte München-Berlin und Chefredakteur der Vierteljahrshefte für Zeitgeschichte, 1985–1988 wissenschaftlicher Mitarbeiter am Deutschen Historischen Institut in Rom.

www.ingramcontent.com/pod-product-compliance
Lightning Source LLC
Chambersburg PA
CBHW061943220426
43662CB00012B/2003